大展好書　好書大展
品嘗好書　冠群可期

大展好書　好書大展
品嘗好書　冠群可期

易學智慧
19

歐陽維誠／著

易學與數學奧林匹克

大展出版社有限公司

題辭

闡发易学的精湛思想

深研天地人三才之道

张岱年 题

一九九二年七月

總序一

任繼愈

　　《易經》這部書幽微而昭著，繁富而簡明。五千年間，易學思想有形無形地影響著中華民族的社會生活、政治生活以及人生哲學。

　　《周易》經傳符號單純（只有陰陽兩個符號），文字簡約（約二萬四千餘字），給後代詮釋者留出馳騁才學的廣闊天地。迄今解易之書逾數千家。近年已有光電傳播媒體，今後闡釋易學的各種著作勢將更為豐富。

　　歷代有真知灼見的易學研究者，從各個方面反映各時代、各階層的重大問題。前人研究易學的成果豐富了中華民族的文化寶庫。研究易學，古人有古人的重點，今人有今人的重點。今天中國人的使命是加速現代化的步伐，邁入二十一世紀。

　　易學，作為中華民族文化遺產，也要為文化現代化而做貢獻。當代新易學的任務之一是擺脫神學迷信。易學雖起源於神學迷信，其出路卻在於擺脫神學迷信。凡是有生命的文化，都植根於現實生活之中，不能游離於社會之外。大到社會治亂，小到個人吉凶，都想探尋個究竟。人在世上，是聽命於神，還是求助於人，爭論了幾千年，這兩條道路都有支持者。

　　哲學家見到《易經》，從中悟出彌綸天地的大道理；德

國萊布尼茲見到《易經》，從中啓悟出數學二進制的前景；嚴君平學《易經》，構建玄學易學的體系；江湖術士不乏「張鐵口」、「王半仙」之流，假易學之名，蠱惑愚眾，欺世騙財。易學研究走什麼道路，是易學研究者普遍關心的大事，每一位嚴肅的易學研究者負有學術導向的責任。

本叢書的撰著者多是我國近二十年來湧現的中青年易學專家，他們有系統的現代科學訓練的基礎，有較深厚的傳統文化素養，有嚴肅認真的學風，易學造詣各有專攻。這部叢書集結問世，必將有益於世道人心，有助於易學健康發展，為初學者提供入門津梁，為高深造詣者申一得之見以供參考。

這套叢書的主旨，借用王充《論衡》的話——「疾虛妄」。《論衡》作於二千年前，舊迷霧被清除，新迷霧又彌漫。「疾虛妄」的任務遠未完成。如果多數群眾尚在愚昧迷信中不能擺脫，我們建設現代化中國的精神文明就無從談起。我們的任務艱鉅而光榮。

本叢書的不足之處，希望與讀者同切磋，共同提高。

（任繼愈先生現任國家圖書館館長、教授，中國哲學史學會會長，東方國際易學研究院首席顧問。）

總序二

朱伯崑

　　《周易》系統典籍，是中華傳統文化的重要組成部分，繼承和發揚這份珍貴的遺產，是學術界的一項艱鉅任務。近年來，海內外出版了多種易學著作，形成了一股周易熱。關於周易文化的論述，提出許多問題，發表許多見解，眾說紛紜，莫衷一是，又為易學愛好者和關心傳統文化的讀者帶來許多困擾。有鑑於此，東方國際易學研究院的同仁，在自己研究的基礎上，編寫了這套叢書，參加爭鳴，希望能為讀者澄清一些問題，將弘揚傳統文化引向較為健康的軌道。我們編寫這套叢書，依據以下幾條原則：

　　(1)倡導以科學態度和科學方法，研究和評介周易文化，區別精華和糟粕，突出易學文化中的智慧和哲理。《周易》系統典籍，所以長期流傳不息，關鍵在於其中蘊涵的智慧或思維方式，吸引歷代學人不斷追求和闡發。這套叢書的重點在於闡述其智慧，使讀者從中受到教益，故定名為《易學智慧叢書》。

　　(2)《周易》系統典籍或歷代易學，對中國傳統文化的發展影響深遠，涉及到自然和人文各個領域，如古人所說「易道廣大，旁及天文、地理……」等，在人類文明史上獨樹一幟。弘揚易學智慧，不能局限於《周易》經傳本身，如歷代經學家所從事的注釋工作；還要看到其在實際生活中所起的

作用和影響。編這套叢書，著眼於從傳統文化發展的角度，闡述易學智慧的特色及其價值。

(3)任何傳統文化的研究，都應同當代的文明建設聯繫起來考量，走現代化的道路，即古為今用的道路，傳統文化方能重新煥發出其生命力。編寫這套叢書，亦力求體現這一精神。總之，弘揚傳統應根植於現實生活之中。

(4)《周易》系統的典籍，文字古奧，義理艱深，一般讀者難於領會。編寫這套叢書，一方面立足於較為踏實的學術研究的基礎上，對原典不能妄加解釋和附會，一方面又要以較為通俗易懂，用當代學人所能接受的語言，敘述易學智慧的特徵，易學文化流傳的歷史及其對中華文化所起的影響，行文力求深入淺出，為易學愛好者提供一入門途徑。

以上四條，是我們編寫此套叢書的指導方針和要求，參加撰寫的同仁，大都按這些要求努力工作。有的稿本改寫多次，付出了艱鉅的勞力，至於是否達到上述目的，要待廣大讀者的批評指正了。總之，編寫這套叢書是一種嘗試，旨在倡導一種學風，拋磚引玉，以便同學術界、文化界的同行，共同實現弘揚優秀傳統文化的任務。

（朱伯崑先生現任東方國際易學研究院院長兼學術委員會主任，北京大學哲學系教授，中國易學與科學研究會理事長。）

目　錄

總序一　（任繼愈）⋯⋯⋯⋯⋯⋯⋯⋯⋯⋯5

總序二　（朱伯崑）⋯⋯⋯⋯⋯⋯⋯⋯⋯7

引論（代前言）⋯⋯⋯⋯⋯⋯⋯⋯⋯⋯11

第一章　《周易》對中國古代數學的影⋯⋯⋯19

　一、模式──《周易》的精髓⋯⋯⋯⋯⋯⋯19
　二、模式化──中國古代數學發展的道路⋯⋯22
　三、《周易》的模式造成了中國古代數學的模式化⋯26
　四、成也於斯，敗也於斯──李約瑟之謎⋯⋯34

第二章　易卦與現代數學的聯繫⋯⋯⋯⋯⋯47

　一、易卦與二進數的關係⋯⋯⋯⋯⋯⋯⋯48
　二、易卦與集合論的聯繫⋯⋯⋯⋯⋯⋯⋯49
　三、易卦與布爾代數的聯繫⋯⋯⋯⋯⋯⋯55
　四、易卦與群論的聯繫⋯⋯⋯⋯⋯⋯⋯⋯61
　五、易卦與組合論、圖論、數論、概率論等的聯繫⋯65

第三章　易卦與數學奧林匹克解題思想……77

一、易卦與染色思想……77

二、易卦與映射思想……81

三、易卦與賦值方法……85

四、易卦與二進數方法……90

五、易卦與奇偶性分析……96

六、易卦與圖論思想……102

七、易卦與其它解題思想……104

第四章　用易卦思想解數學奧林匹克

試題100例……111

一、中國數學奧林匹克試題選解……112

二、蘇聯與俄羅斯數學奧林匹克試題選解……124

三、東歐諸國數學奧林匹克試題選解……182

四、英美等國數學奧林匹克試題選解……215

五、國際數學奧林匹克試題選解……242

引　論（代前言）

　　《周易》這部神奇的著作，從它誕生之日起就與數學有著不解之緣。所以，在近年來關於易學與科學關係的討論中，涉及得最多的大概是易學與數學的關係。無庸諱言，在《周易》的《經》、《傳》中不大可能包含現代科學的論述或預見，把《周易》與數學做膚淺的類比，把《周易》無限地神秘化的作法本身就是不科學的。

　　不過，我們也必須看到，《周易》與數學在以下幾個方面的確有著密切的聯繫：

　　㈠《周易》對中國古代數學產生過重大的影響。

　　中國古代數學家大抵都認爲《周易》是中國古代數學思想的泉源。

　　如著名數學家劉徽在爲《九章算術》作注時的序言中寫道：「昔在包犧氏始畫八卦，以通神明之德，以類萬物之情，作九九之術以合六爻之變。」他就認爲，「九九之術」（即數學）是聖人爲了合「六爻之變」（即《周易》）而作的。他還說：「徽幼習九章，長再詳覽，觀陰陽之割裂，總算術之根源，探賾之暇，遂悟其意。」他認爲數學的根源在於陰陽的割裂，周易中的陰陽變化是研究數學的基礎。

　　另一位著名數學家秦九韶（1202—1261）也認爲數學的產生「爰自河圖洛書」。他發明了一次同餘式組的解法，

那是數學史上一項重要的成果。國際上稱它爲「中國剩餘定理」，而秦九韶卻認爲它是《周易》的產物，因而稱它爲「大衍求一術」。

㈡《周易》經傳中蘊含有現代數學問題。

《周易》經傳本身雖然沒有討論數學的內容，但這並不排斥其中蘊含有現代數學問題。

例如，揲蓍成卦的方法，那一套程序就與現代數學密切相關。它不僅涉及到數論中的同餘式，而且涉及到概率分布的合理運用。又如《繫辭》說：「方以類聚，物以群分。」這裡所說的群未必包含了現代數學中群的概念，也不涉及用群來分類的理論（在現代科學中，群是許多事物分類的標準），但是，無論是通行本卦序，還是帛書卦序或京房卦序，其中都有許多「合群」的例子。河圖洛書雖然只是簡單的縱橫圖，但由此可導出高階幻方的研究，那是組合學中一個重要而困難的課題，等等。

這種情況是不足爲怪的。例如，用瓷磚鋪地形成各種對稱圖案，它們都是由一個基本圖案透過不同方式的延展和重複而形成的，把重複的方式當作元素，這些元素構成一種變換群，稱爲平面對稱群。

直到上一世紀末期，數學家才證明，用群來分類，標準形式的對稱圖案只有 17 種。但早在 13 世紀以前，當數學家還沒有建立群的概念的時候，在西班牙的阿爾汗布拉宮就把其中 11 種群表示的圖案都用上了。另外 6 個，也很早就出現在非洲的巴庫巴與貝寧部族的編織物或陶器以及中國古代的一件工藝品上。

不僅是人，即使是動植物的某些現象，也嚴格地服從數學的原理。例如蜂巢都是六角形的，數學上可以證明，在原料一定的前提下，這種形狀的巢容積最大。

某些植物的葉片在莖上的排列方式，與數學上著名的斐波納契數列有關。因此，古老的《周易》中雖然沒有明確的現代數學概念，但卻可能隱含著某些現代數學的內容。不同的只是，今天的人自覺地運用數學，古人不自覺地涉及或遵循數學而已。

㈢易卦的符號系統可用以建構現代數學。

現代數學研究抽象的運算和結構。易卦作為一種符號系統，是一個良好的代數結構，從易卦符號系統出發，可以建立現代數學的許多重要內容。

例如，易卦的符號系統可以作為建立諸如二進制數、布爾向量、集合論、組合論、概率論、圖論等現代數學分支的合適的符號或對象。在本書第二章中還要對這個問題做稍為詳細的論述。

㈣易學研究可借助現代數學方法。

數學方法對社會科學研究的滲透，推動了社會科學研究的現代化，也有可能促進易學研究的現代化。

易學研究中有許多只涉及卦畫而較少地涉及義理的課題，就可以把周易思維透過易卦來表述，易卦又可轉化為數學形式，於是就可以借助於數理統計、概率分析、矩陣方法、模糊數學等數學工具對所研究的問題進行數學分析，幫助做出正確的結論。

㈤以易卦的符號為工具可以解決某些數學問題。

如前所述，利用易卦符號系統可以構建某些現代數學（主要是離散數學）的內容，自然也就可以用易卦符號系統爲工具，以它所能構建的數學內容爲基礎，解答某些特殊的數學問題。特別值得一提的是，以《周易》的陰陽對立思想爲指導，以易卦符號系統爲工具，可以解答許多數學奧林匹克試題。

國際數學奧林匹克（International Mathematical Olympiad 簡稱 IMO），是當今世界上規模最大和影響最大的國際中學生學科競賽活動，如果說體育奧林匹克是人類體能的大賽，那麼，數學奧林匹克則是中學生智能的大賽。

IMO 競賽自 1959 年在羅馬尼亞開展以來，已經進行了四十多居。爲了準備這一年一度的大賽，各國還要舉行一些選拔賽、熱身賽等等。各級數學奧林匹克（特別是 IMO）的試題一般地說是很難的。

利用古老的《周易》中的思想和符號，眞的能解答現代化的數學奧林匹克試題嗎？這是一個富有挑戰性和趣味性的問題。

要回答這個問題，正是作者寫作此書的原因。

1997 年全國高中數學聯賽的命題工作由湖南省數學學會承擔，筆者有幸參加了命題工作。在那山花似火、江水如藍的岳麓山下，來自全國各地的數學奧林匹克專家們正在緊張地討論備選試題。南開大學的黃玉民教授在會上提出了一個供選用的試題：

「有一個劇團計劃下鄉爲農民連續演出兩個月，他們準備了一批節目，要求每天演出的節目安排做到：

(1)每天至少要上演一個節目；

(2)任何兩天上演的節目不能完全相同（可以有一部分相同）；

(3)因為人員有限，不能在一天內上演全部節目。

請問：這個劇團最少要準備多少節目，才能保證完成上述計劃？」

黃教授的問題一提出，在座的人都覺得很新鮮，怎樣來解答這道題目，有人一時還沒有反應過來。事後，我突然想到，如果利用易卦的思想，是很容易解答這道問題的。問題的答案是最少要準備6個節目。

我們不妨把6個節目依次編號為①、②、③、④、⑤、⑥，把每天的節目單與易卦聯繫起來。如果這天上演第 i 個節目，我們就將易卦的第 i 爻取陽爻，如果這天不上演第 j 個節目，就將易卦的第 j 爻取陰爻。於是，每天的節目單就對應一個易卦。例如，頤卦☲第一爻和第六爻（由下往上數）是陽爻，其餘的第二、第三、第四、第五爻是陰爻，就表示今天上演節目①和⑥，其餘的②、③、④、⑤四個節目不上演。

由於易卦共有64卦，它們彼此不同，除了坤卦☷（相當於一個節目都不上演）和乾卦☰（相當於6個節目都上演）之外，其餘的62卦，每一卦都可作為一天的節目單，兩個月最多也只有62天，所以有6個節目就足夠了。但很明顯，少於6個節目是不夠的。所以，本題的答案是最少要6個節目。

在這個問題的啟示之下，筆者寫了一篇文章，題目叫做

《易卦與趣味數學》，文中選擇了一批趣味數學問題，用易卦的方法給予解答，發表於 1998 年第一期的《周易研究》上。

後來作者與中國科學院自然科學史研究所的董光璧教授在交流中談到了用易卦思想可解一些數學題，特別是可解一些數學奧林匹克試題，董先生當即提示我：是否可以寫一本《易學與數學奧林匹克》的書。董教授本人在 10 多年前就出版過《易圖的數學結構》一書，對易卦與數學的關係做過深刻的論述，曾給作者以很大的啓示。今天又是在董教授的啓示之下，作者才有了寫作本書的計劃，挑選了國內外歷年數學奧林匹克試題中的 100 個問題，用易卦思想方法給出了嚴格的解答。

爲什麽利用古老的易卦符號能解決現代化的數學奧林匹克試題呢？說來也不奇怪。因爲前面提到過，利用易卦符號系統可以建立二進制數及許多離散數學的內容，這些數學的基礎部分正是當今各級數學奧林匹克命題的熱點。並且，數學奧林匹克試題中，還有很大一部分是所謂「智力型問題」，這類問題一般不需要太多的具體數學預備知識，也不涉及太多的數學運算，但卻需要某種深刻的數學思想，找到了這個思想，問題一點就破，這正是所謂奧林匹克數學的特徵。對於這類問題，有些是可以用陰陽對立等思想來解決的，並且由於有易卦圖形的直觀幫助，有時甚至比使用現代數學工具還要簡便一些。

但必須指出的是，我們說利用易卦可以解某些數學奧林匹克試題，並不是說可以解所有的奧林匹克試題，也不是說

那些問題只能用易卦的思想才能解決，更不是說，易卦中的思想比現代數學更高明，像某些科學易學家所說的那樣。

當然也必須指出的是，如果認爲本書中列舉的那些數學奧林匹克試題，旣然可以用現代數學的方法來解，用易卦思想去解，只不過是把現代數學的語言「翻譯」爲易卦的語言而已，因此沒有什麼實際的意義。這種觀點也是不正確的。本來數學證明從某種意義上講就是同義反覆。現代數學的一些語言，旣然可以「翻譯」爲易卦的語言，反過來就說明了易卦中的確蘊含了某些現代數學的思想。

談到《周易》與自然科學思想的關係，學術界有兩種截然相反的意見。

有的人認爲，「近現代一些重大的自然科學的進展，都與《周易》的思想有密切關係，如新型電腦的軟硬體改進，生物遺傳密碼研究的進展，特別是現代混沌理論的產生，耗散結構的問世，都受到《周易》思想的啓示。」❶

也有人認爲，「歌頌《周易》重要性者太多，眞能說出其所以然者太少，尤其是講《周易》與西洋近現代的自然科學相符合者，都未能提出很可靠的具體證據。」❷

我們當然不能盲目附合第一種意見，那是言過其實的誇張；也不能完全贊同第二種意見。本書的寫作大概可以算得上一個小小的「可靠的具體證據」，因爲在本書中用易卦思想解答的 100 個數學奧林匹克試題，都是國內外歷年採用了的正式數學奧林匹克試題，都是眞槍實彈的東西。

本書的内容共分四章，除其中第四章是用易卦思想解答100 道數學奧林匹克試題外，第二章和第三章分別論述易卦

與現代數學的聯繫及易卦與數學奧林匹克解題思想，這三章都是與數學奧林匹克直接有關的課題。

此外，還專門在第一章論述《周易》對中國古代數學的產生和發展的影響，它與本書的重點解奧賽題似乎沒有直接的聯繫，但它有助於我們了解《周易》與中國古代數學的關係，從而也有助於理解我們今天利用易卦思想解奧賽題的思維承襲關係。

【註　釋】

❶　《推翻傳統偏見，恢復〈周易〉真貌》，載《文匯報》，1989年6月5日。

❷　蔡尚思：《周易要論》，第1頁，湖南教育出版社，1991年。

第一章
周易對中國古代數學的影響

　　李約瑟博士在 20 世紀 30 年代末期醞釀寫作《中國科學技術史》時提出了一個發人深思的問題:「中國古代有傑出的科學成就,何以近代科學卻崛起於西方而不是在中國?」這就是著名的所謂「李約瑟之謎」。

　　這個問題觸及了中國人民的傷心之處,不少學者對它進行過熱烈的討論,見仁見智,眾說紛紜。作者認為,其中有一個不容忽視的原因,就是《周易》對中國古代科技(特別是數學)的影響。

一、模式──《周易》的精髓

　　《周易》是一部什麼樣的書?《繫辭下傳》說:「昔者包犧氏之王天下也,仰則觀象於天,俯則觀法於地,觀鳥獸之文與地之宜,近取諸身,遠取諸物,於是始作八卦,以通神明之德,以類萬物之情。」這說明了,伏羲所作的卦,是由對天地間一切事物的觀察,從各種不同的方面抽象出來的一種「類萬物」的綜合性的模式。

　　《繫辭上傳》說:「聖人有以見天下之賾,而擬諸其形容,象其物宜,是故謂之象。聖人有以見天下之動而觀

其會通，以行其典禮，繫辭焉而斷其吉凶，是故謂之爻。」這是說，聖人看到了天下事物的複雜性，便模擬天下萬物的形象，抽象之而成為卦象。聖人看到天下事物的變化，乃於錯綜複雜的變化中，體會出其融會貫通的道理，當做處理事物的規律，並用文字記錄幫助人們趨吉避凶，這些文字稱為爻辭。所以，卦爻都是一種處理事物的模式。

東漢經學家鄭玄將其概括為：「《易》一名而含三義：易簡，一也；變易，二也；不易，三也。」這就是說，《易》提出了宇宙人生、萬事萬物的一種簡化了的模式（易簡），透過模式以幫助人們了解事物變化的規律（變易），研究其中不變的原理（不易），從而解決各種疑難問題。

古人把《周易》的模式看得極為重要，認為掌握了這個模式，天下所有的道理都掌握了，掌握了天下的道理，成功也就在其中了（「易簡而天下之理得矣；天下之理得，而成位乎其中矣。」——《繫辭上傳》）。

《周易》是開啟智慧，成就事業，包括天下一切道理的模式，聖人可以憑借它來了解天下的動態，奠定天下的事業，判斷天下的疑問（「夫易何為者也？夫易開物成務，冒天下之道，如斯而已者也。是故，聖人以通天下之志，以定天下之業，以斷天下之疑。」——《繫辭上傳》）。

古人不僅認為易的模式極為重要，還認為人類時時刻刻都在從不同的角度使用這一模式，只是不自覺而已

（「仁者見之謂之仁，智者見之謂之智，百姓日用而不知，故君子之道鮮矣！」——《繫辭上傳》）

更有甚者，古人還認為天下一切事物，雖然變化無窮，但都不能超越易的模式；人的思維方法，雖然千差萬別，但都統一於易的模式（「範圍天地之化而不過，曲成萬物而不遺。」——《繫辭上傳》

「天下何思何慮，天下同歸而殊途，一致而百慮，天下何思何慮？」——《繫辭下傳》）。

綜上所述，古人曾經把易卦當做一種萬能的模式，有「範圍天地」、「曲成萬物」的作用，有「萬方一致」、「天下同歸」的威力。我們今天用科學的眼光來考察《周易》，當然不能盲目照搬古人的論點，但是仍然不能不承認，《周易》的確是為人們提供一種思維模式的書。

德國數學家萊布尼茨（Leibniz, 1646—1746）曾驚奇地發現，他發明的二進數與易卦具有同構關係。其實，易卦作為一種抽象的符號系統，不僅與二進數具有同構關係，而且可以從它出發構建起現代數學的許多內容，其中最值得注意的是易卦與布爾向量的關係。

布爾向量是現代數學中一種重要的概念，它被廣泛地採用為描述具有若干因素，而且每種因素都有兩種對立狀態的事物的數學模型。若干布爾向量排在一起就構成布爾矩陣（也稱 0—1 矩陣），布爾矩陣是現代決策理論中常用的重要數學工具。

如果我們把一個易卦的爻與布爾向量的分量對應，陽爻與 1 對應，陰爻與 0 對應，則易卦與布爾向量也具有同

構關係。幾個易卦並列一起就成為布爾矩陣。

換言之，從某種意義上講，易卦與布爾向量可以看成是二而一的東西。既然布爾向量可以作為今天人們決策中的數學模型，與之同構的易卦也就有可能是古人思維決策的數學模型。因此，筆者曾經提出了這樣一個論點：「易卦是古人思維決策的數學模型」，「卦爻辭是解釋決策模型的例題。」❶因之，《周易》是一部由思維決策的模式與解釋模式的例題結集而成的書。

二、模式化──中國古代數學發展
　　的道路

古代數學思想分為兩大體系，一個是以歐幾里得的《幾何原本》為代表的西方數學思想體系，這個體系以抽象化的內容，公理化的方法，封閉的演繹體系為其特色。另一個則是以中國的《九章算術》為代表的東方數學思想體系，這個體系以算法化的內容，模式化的方法，開放的歸納體系為其特色。

中國古代數學走上了模式化發展的道路，由於數學本身的特點，這種模式化的思想就集中表現為算法化的思想。所以，我們可以把中國古代數學發展的道路簡單地概括為：方法的模式化和內容的算法化。

至於中國古代數學算法化的思想則大體表現如下：

第一步　把實際中提出的各種問題轉化為數學模型；

第二步　把各種數學模型轉化為代數方程；

第三步　把代數方程轉化為一種程序化的算法；

第四步　設計（包括以後的逐步改進）、歸納、推導（寓推理於算法之中）出各種算法；

第五步　透過計算回溯逐步達到解決原來的問題。

可用框圖表示如下：

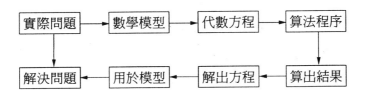

這種模式化方法表現出下列特點：

(一)開放的歸納體系

由於中國古代數學是把當時社會實踐中所需要解決的問題分門別類，提煉出若干數學模型，然後對每一種模型給出算法，所以，這是一種從個別到一般的歸納體系。

由於社會不斷地發展，社會實踐必然會提出需要解決的新問題。因此，為了解決這些問題，必然要提出新的模型，研究出新的算法，所以，這是一種開放的體系。

由於這種體系不是一種邏輯體系，內容不是依次向前推進的，因而與原有內容跳躍的、無關的、甚至荒唐的內容都可能隨時加進來。

如劉徽在《九章算術》注裡提出的與前後內容都脫節的極限思想方法，《孫子算經》中還有純屬迷信術數的推斷生男生女的問題等。

(二)寓理於算的表述方式

中國古代數學強調的目標是得到好的算法，因而對得到這些算法的推理過程就被大量省略，以致被人誤認為中國古代數學全憑經驗而不重推理。

這種看法是站不住腳的。中國古算經中的那些算法是那樣的準確、複雜、抽象，沒有嚴密的推理過程是不可能憑經驗就能歸納出來的。

例如，我們將在後面說到的《周髀算經》中關於勾股定理的證明，其推理之嚴密，思路的巧妙，與我們今天見到的數以百計的古今中外關於勾股定理的證明相比，毫無遜色，沒有嚴謹的推理是做不到的。

又例如《九章算術》中關於約分的「更相減損」原理：「可半者半之，不可半者，副置分母、子之數，以少減多，更相減損，求其等也，以等數約之。」在這個約分術中，雖然沒有提出「輾轉相除」、「最大公約數」等一般概念，但「更相減損」實際上就是「輾轉相除」，「等」就是「最大公約數」，不可能有歧義的理解。即使在今天，也沒有比《九章算術》的約分術更好的、有本質區別的約分方法。沒有相對嚴謹的邏輯推理過程是不可能做到這一步的。

(三)構造性與機械化的特色

以模式化為其發展道路的中國古代數學的最大特色是構造性和機械化。吳文俊教授曾經指出：「就本文所擬討

論的《數書九章》來說，不妨把構造性與機械化的數學看作是可以直接施用之於現代計算機的數學。我國古代數學，總的說來就是這樣一種數學，構造性與機械化是其兩大特色，算籌算盤，即是當時使用的沒有存儲器的計算機。」❷

最早為數學提出的構造性與機械化的典型範例是《周易》中「揲蓍成卦」的方法：「大衍之數五十，其用四十有九。分而為二以象兩，掛一以象三，揲之以四以象四時，歸奇於以象閏……是故，四營而成易，十有八變而成卦……」。這是一個典型的機械化程序。有些人對「大衍之數」為什麼是 50，實際用的為什麼又只是 49，覺得難以理解。

事實上，揲蓍成卦這一套算法程序，與現代數學密切相關，按照人們通常的要求，占筮既然是為了預卜吉凶的，從吉凶互見、禍福相依的觀點來看，不管採用什麼方法，所得筮數形成的卦應該滿足以下原則：

1. 隨機原理

所得的卦應該是隨機的，不應該一成不變，即所謂「陰陽不測之謂神」。

2. 等概率原理

64 卦每卦出現的機會應該相等，即陽爻與陰爻以相等的概率出現。

3. 變爻原理

筮人為了迎合求筮者趨吉避凶的心理，也要為自己的預言留有可變通的餘地，就要求有一定的比例出現變爻，

而且由陽變陰或由陰變陽的概率也應相等。

4. 最小數原理

在滿足上述三原理的前提下，要求使用的蓍草數最少。

可以證明，在滿足上述四個原理的前提下，「大衍之數五十，其用四十有九」，就是惟一的最佳選擇。❸其構思的巧妙，計算的精確，沒有嚴密的邏輯推理過程是難以想像的，這再一次說明中國古代數學寓理於算的特色。

三、《周易》的模式造成了中國古代數學的模式化

偉大的科學家愛因斯坦（Einstein, 1879—1955）曾經說過：

「西方科學的發展是以兩個偉大的成就為基礎，希臘哲學家發明的形式邏輯體系（在歐幾里得幾何中），以及透過系統的實驗發現有可能找出因果關係（在文藝復興時期）。在我看來，中國的賢哲沒有走上這兩步，那是用不著驚奇的，令人驚奇的倒是這些在中國全部做出來了。」❹

為什麼中國的賢哲沒有使中國古代數學走上公理化的道理，而走上了模式化的道路呢？

那就是《周易》對中國古代數學形成和發展造成的影響，它造成了中國古代數學的初始狀態。以邏輯體系為初始狀態發展為西方數學，以模式體系為初始狀態則發展為中國古代數學。

《周易》對中國古代數學發展的影響，表現在以下幾個方面：

(一)中國古代數學家大都精通易學

　　我國古代本來就沒有社會科學與自然科學的分野，古代的士人，從幼年時代所受的教育就是從讀經開始，《周易》曾被儒家尊為群經之首，中國古代數學家很早就受到易學思想的薰陶，自覺或不自覺地把《周易》的思維模式帶進了對數學的認識和研究之中。

　　劉徽就認為我國古代數學的發展起源於《周易》：「昔在包犧氏始畫八卦，以通神明之德，以類萬物之情，作九九之術以合六爻之變。暨於黃帝神而化之，引而伸之，於是建曆紀，協律呂，用稽道原，然後兩儀四象精微之氣可得而效焉。」

　　劉徽認為，數學（九九之術）是為了合六爻之變（周易）而建立起來的，黃帝再加以引申和變化，得以用於天文曆算，然後《周易》中的「兩儀」、「四象」那些精微的思想，逐步在數學中得到體現。

　　他還認為，指導數學研究的是《周易》的陰陽對立的思想，「一陰一陽之謂道」，也包括數學的原理。他寫道：「徽幼習九章，長再詳覽，觀陰陽之割裂，總算術之根源，探賾之暇，遂悟其意。」這清楚地表明，劉徽認為算術的根源，在於陰陽的裂變，掌握《周易》的陰陽變化的思想是研究數學的基礎。

　　另一位著名數學家趙爽注《周髀算經》時，從一個正

方形出發，分割出 19 個幾何命題。中國古代幾何的方圓術正是不斷地分割拼補圓與方的圖形而推出豐富的幾何內容的。這顯然也是受了《周易》的思想影響。《繫辭上傳》說：「易有太極，是生兩儀，兩儀生四象，四象生八卦。」世界是一個不斷可分的過程。

將中國古代幾何的方圓術與歐氏幾何比較就可發現：歐氏幾何在思想上源於西方的本體論，認為世界是由某種不可分的單位組成，那就是點，由點而生線，由線而生面，這是一種組合過程，在組合過程中不斷產生新的圖形。而中國古代幾何則源於「天人合一」的本體論哲學，由象徵天地之形的圓方不斷分裂，產生新的圖形，是一個分解過程。正是劉徽所謂「然後兩儀四象精微之氣可得而效焉」的具體體現。

另一位數學家秦九韶（1202—1261）也認為數學的產生「爰自河圖洛書」，強調「數與道非二本」，他所說的道就是《周易》中的「一陰一陽之謂道」的道。他發明了一次同餘式組的解法，那是數學史上一項極為重要的成果。國際上稱它為「中國剩餘定理」或「孫子定理」，秦九韶卻認為它是《周易》的產物，因而稱它為「大衍求一術」。

「崑崙磅礴，道本虛一。聖有大衍，微寓於易。奇餘取策，群數皆捐。衍而究之，探隱知原。」不僅明確肯定孫子定理是周易的產物，還批評《九章算術》：「其書九章，惟茲弗紀。」

由此可見《周易》思想在中國古代數學家心目中佔有

何等重要的地位。它對我國古代數學家世界觀和方法論的形成產生了決定性的影響。

（二）中國古代數學著作都在形式上模仿《周易》

我們在前面曾經論述了，《周易》是一部由思維決策方法的例題集結而成的書。這部書的結構是：一例一卦，說明一種思想，一種方法。每卦有卦名、卦畫、卦辭和爻辭。我國古代留傳下來的數學著作，如著名的《算經十書》，它的寫作方式與《周易》極為相似。

中國古代數學著作都是由若干例題組成，一書若干題，每題有答案，答案之後是解題方法的「術」。將《周易》的卦與《算經》的題相比，可得下面的對應關係：

易經 —————————— 算經

卦　 —————————— 題

卦名 —————————— 題意

卦畫 —————————— 題型

卦辭 —————————— 答案

爻辭 —————————— 解題術

積 64 卦而成《易經》，積若干例題而成《算經》，這種在結構上的極端相似，不可能只是一種偶然的形式上的巧合，而是《周易》對中國古代數學影響深遠的一種表現。

中國古代數學著作不僅在形式上模仿《周易》，在寫作思想和研究方法上也按照《周易》的思維模式開展。如

劉徽在「觀陰陽之割裂，總算術之根源」後，就將其廣泛用於對《九章算術》的研究中。不但在著作中吸收《周易》的思想，還直接用《周易》的言辭來進行說理。

《繫辭》說：「易有聖人之道四焉：以言者尚其辭……」，而劉徽則強調「析理以辭，解體用圖」、「事類相推，各有攸歸，故枝條雖分而同本干者，知發其一端而已。」所謂「枝條雖分而同本干」也與秦九韶的「數與道非二本」一樣，認為數學只是《周易》的分枝，他的「析理以辭」的「辭」也是由「以言者尚其辭」的「辭」推移敷衍而來。劉徽在注《九章算術》時正是按這一思想來開展工作的。如：

「探賾索隱，鉤深致遠」的思想。《繫辭》云：「探賾索隱，鉤深致遠，以定天下之吉凶。」劉徽注《九章》時則注意發掘、推廣《九章算術》中的每一個問題，研究其解題法的形成過程和其所以然的道理，如他加密圓周率的推敲和鱉臑公式的推導等等，正是這種「探賾索隱，鉤深致遠」精神的體現。

「方以類聚，物以群分」的思想。劉徽在注釋中力求使用分類方法，如他以齊同術駕馭諸術即為範例。劉徽多次運用這些觀點，如「數同類者無遠，數異類者無近。」「以行減行，當各從其類。」「令出入相補，當各從其類。」等等。

「同歸殊途，一致百慮」的思想。劉徽多次使用一題多解的辦法。如當他說明分母擴大或縮小同樣倍數時，分數值不變時寫道：「雖則異辭，至於為數，亦同歸爾」。

當他用三種方法說明分數乘法得同一結果時則說：「言雖異，而計數，則三術同歸也。」在說明乘除運算與次序無關時說：「意各有所在，亦同歸耳。」

總之，中國古代數學著作從寫作形式到思想方法都在刻意地模仿《周易》。

（三）中國古代數學內容的主線肇源於　　《周易》

我國最古老的《周髀算經》中開宗明義就寫道：「昔者周公問於商高曰：『竊聞乎大夫善數也。夫天不可階而升，地不可尺寸而度，請問數從安出？』商高曰：『數之法出於圓方，圓出於方，方出於矩，矩出於九九八十一。故折矩，以為勾廣三，股修四，徑隅五。既方之，外半，其一矩環而共盤，得成三四五。兩矩共長二十有五，是謂積矩。故禹之所以治天下者，此數之所以生也。』」它與《周易》的聯繫是顯而易見的。

《周易》研究事物的模式是所謂「象、數、理、占」，而《周髀算經》中關於勾股定理的論述也是按象（圖象）、數（數據）、理（推理）、占（論斷）的模式展開的。

趙爽在為《周髀算經》作注中解釋這段話時寫道：「圓徑一而周三，方徑一而匝四，伸圓之周而為勾，展方之匝而為股，共結一角，邪適弦五，政圓方斜徑相通之率。故『數之法出於圓方』。圓方者，天地之形，陰陽之數。然則周公之所問天地也，是以商高陳圓方之形以見其

象，因奇偶之數以制其法。所謂言約旨遠，微妙幽通矣。」趙爽指出：商高為了向周公講述測天的方法，就要向他講述勾股定理。先用圓方之形給出象，再用圓方的周長給出數，然後根據推理做出「徑隅五」的論斷。趙爽還特別指出這個論斷可以推廣，這裡只先陳述其法則。（「將以施於萬事，而此先呈其率也。」）其實趙爽在物理觀念上並不相信「天圓地方」之說：「天不可窮而見，地不可盡而觀，安能定其圓方乎？」但是他又認為數學的推導應符合《周易》的基本思想：「物有圓方，數有奇偶。天動為圓，其數奇；地靜為方，其數偶。此配陰陽之義，非實天地之體也。」

從《周髀算經》原文和趙爽的注看，象、數、占都十分明顯地凸現出來了，只有理，由於商高寓理於算，過分簡略，以致被人誤認為商高只是憑經驗知道有「勾三、股四、弦五」的直角三角形，並未證明普遍意義下的勾股定理。

商高是否從理論上證明了普遍意義下的勾股定理，讓我們重新分析一下商高與周公的那一段對話：

故折矩，以為勾廣三，股修四，徑隅五。既方之，外半，其一矩環而共盤，得成三四五。兩矩共長二十有五，是謂積矩。

這裡有一個斷句的問題。過去人們都把「既方之，外半，其一矩環而共盤」，破讀為「既方之外，半其一矩，環而共盤」，因而使得商高的話就難以理解。現在我們試將商高的話新作詮釋。

「既方之」，是指把幾個直角三角形合成一個正方

形。商高在同一對話中曾經說過用矩之道可「環矩以為圓，合矩以為方」，所以，商高知道怎樣用直角三角形合成正方形。用幾個非等腰（例如勾三股四）的直角三角形合成正方形，至少要用四個直角三角形，合成的方式只有如圖 1-1 所示的兩種：

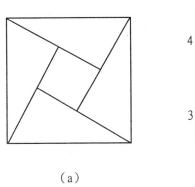
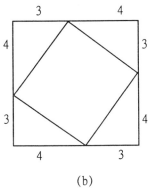

（a）　　　　　　　　　　（b）

圖 1-1

　　圖 1-1（a）正是趙爽在注《周髀》時所用的弦圖，而商高指的可能是圖 1-1（b）的形式。「外半」，指圖（b）中外圍的部分。那是由同一個矩環繞而生的方形盤（其一矩環而共盤）。於是商高的推理出來了：在圖 1-1（b）中，整個正方形的面積是（3＋4）^{2} ＝ 49。所以，內部正方形的面積為 $49 - \frac{1}{2} \times 3 \times 4 \times 4 = 25$（兩矩共長二十有五），所以其邊長即原矩之弦為 5。

　　把「勾三股四」推廣到一般的「勾 a 股 b」的直角三角形上去，證明不需要做本質上的修改，依然是內部正方形

的面積為：

$$(a+b)^2 - \frac{1}{2} \times 4 \times ab = a^2 + b^2$$

所以，內部正方形的邊長即矩的弦長為 $\sqrt{a^2+b^2}$ 。當一個數學定理的證明從特殊過渡到一般的時候，如果不需要作實質上的修改，只在同一計算公式中改換數據，即使在今天意義下嚴格的數學證明，也是允許的。

商高雖然在論述中只用了「勾三股四」的直角三角形（那是為了應合天地方圓之需而取用的），但他所用的方法，完全可以毫無改變地推廣到一般，因而可以說商高的論述已經證明了勾股定理。於是，「理」的脈絡也清楚地表現出來了。

綜上所述，可見中國古代數學著作從形式到內容，都有追隨《周易》的強烈趨向。由於《周易》本身的模式化思想使中國古代數學的發展走上了模式化的道路。

四、成也於斯，敗也於斯——
　李約瑟之謎

現在，我們可以回過頭來，嘗試解答中國古代數學中的「李約瑟之謎」了。

中國的賢哲沒有使中國古代數學走上公理化的道路，而走上了模式化的道路，這是不足為怪的。但不可以認為公理化與模式化之間涇渭分流，有著不可逾越的鴻溝，存在高低不同的差異。模式化與公理化對數學的形成和發展

相輔相成，各有千秋。

中國古代數學的模式化並不是不要邏輯推理，而只是寓推理於計算之中，突出算法，省略推理而已。公理化方法也不是不要模式。牛頓的《自然哲學的數學原理》所用的方法，毫無疑問是公理化的方法。但是笛卡兒的《方法論》就沒有採用公理化的方法，你能說它不是邏輯推理嗎？歐幾里得的公理體系，固然有其巨大的優越性，但這種體系並不等於邏輯推理，更不等於「嚴密」。

模式化與公理化在發展數學的作用上也各有千秋，交相為用。一般地說，從實際問題出發開創數學分支，總結提煉數學方法，模式化較為有用；當一門數學分支發展到了一定階段，需要梳理、嚴密化、形成完整的體系的時候，公理化有較大的作用。但當一門數學高度綜合的時候，模式化又能發揮巨大的作用。

特別是電子計算機問世以後，計算機處理的問題是模式化的，利用計算機解決數學問題，例如關於數學史上著名的「四色問題」的解決，都是模式化的。數學的機械化證明，正在方興未艾，前途無量，對解決某些數學問題正在發揮越來越大的威力。

因此，我們不能簡單地認為，中國古代數學是因為沒有走上公理化的道路，缺乏演繹推理方法而導致中國近代數學的落後。那麼，是什麼原因使得中國古代數學能取得輝煌的成就，而中國近代數學卻遠遠落後於西方的原因呢？作者認為：之所以出現這一歷史之謎的根本原因是以《周易》思維模式為基礎的、在長期封建社會中形成的中

國文化傳統與中國古代數學模式化的方法相結合造成的。

因為中國古代數學在《周易》的影響下走上了模式化的道路之後，始終沒有擺脫《周易》的思維模式，走向自身發展的道路，並長期為《周易》思維模式所控制，所影響。在這種長期的影響與控制之下，雖然在一定的時期內，由於《周易》思想本身的先進性、合理性也帶動了中國古代數學取得相當的成就，但到後來，就逐漸發展成為阻礙中國古代數學發展的絆腳石了。

《周易》思維模式對中國古代數學發展的負面影響表現在以下幾個方面：

（一）「天人合一」的本體哲學

中國古代文化一個最顯著的特色是「天人合一」的宇宙本體哲學，所有中國古代文化的創造活動都發源於並得力於此種哲學。這一思想肇端於《周易》。

《周易‧文言》提出了「與天地合德」的思想，它寫道：「夫大人者，與天地合其德，與日月合其明，與四時合其序，與鬼神合其吉凶。先天而天弗違，後天而奉天時，天且弗違，而況於人乎？」漢代董仲舒也說：「以類合之，天人一也。」又說：「天人之際，合而為一。」到宋代，天人合一思想有了進一步的發展。張載明確提出「天人合一」的命題，主張把天之「用」與人之「用」統一起來。程顥也強調「一天人」，不過他更主張「天人本無二，不必言合。」

在中國長期的封建社會中把社會政治人事問題和自然

現象攪在一起，使自然科學的研究受到人事的制約和干擾，阻礙自然科學的發展。我國歷史上出現漢代的「罷黜百家，獨尊儒術」，元初的抬高「程朱理學」，都曾嚴重地阻礙科學的發展，都與「天人合一」的思想緊密相關。

「天人合一」思想容易造成數學家的思維定勢，使他們在研究數學問題時，始終跳不出《周易》思維的模式。例如，宋朝著名理學家朱熹曾從數學的角度研究過「大衍之數」，顯示出相當的數學功底。但由於受到《周易》思維模式的影響，始終未能跳出「天地數」、「河洛數」、「天圓地方」等框框，繞來繞去得不到任何要領，最後只好無可奈何地說是「出於理勢之自然，而非人之智力所能損益也。」❺

河圖洛書只是一種簡單的數字排列，楊輝早已闡明其構造方法，並不神秘。但由於《周易》中有「天生神物，聖人則之……」一類的話，到了宋代的理學家們仍在河圖、洛書上大做文章。

邵雍寫道：「蓋圓者河圖之數，方者洛書之文，故犧文因之而造易，禹箕序之而作範也。」（邵雍：《觀物外篇》）數學家秦九韶也把數學起源同河圖洛書掛鉤：「爰自河圖洛書，闓發秘奧，八卦九疇，錯綜精微，極而至於大衍、皇極之用。」（秦九韶：《數書九章序》）

及於明代，數學家程大位仍然堅持：「數何肇？其肇自圖書乎？伏羲得之以畫卦，大禹得之以序疇……故今推明直指算法，輒揭河圖洛書於首，見數有本原云。」（程大位：《直指算法統宗‧總說》）

早在三國時代，那位「觀陰陽之割裂，總算術之根源」的劉徽就注意到了陰陽學說雖有其合理的因素，對某些離散數學能起作用，但對連續的量做定量分析就不適用了。劉徽在推算球的體積時就曾經批評過張衡以陰陽附會數學的錯誤。他寫道：「衡說之自然，欲協其陰陽奇偶之說而不顧疏密矣。雖有文辭，斯亂道破義，病也。」❻並且身體力行，創造了割圓術的科學方法。祖沖之更把圓周率近似值計算的精確度推到時代的頂峰。

　　但在一千多年後，程大位仍然認為：「竊嘗思之，天地之道，陰陽而已。方圓，天地也。方象法地，靜而有質，故可以象數求之；圓象法天，動而無形，故不可以象數求之。」（程大位：《直指算法統宗》）他明知「徑一周三」只是約數，其精確值帶有小數。但他竟然認為，整數和小數的接合處，正是「陰陽交錯而萬物化生」的地方，並據此得出結論，圓周率的小數部分是「上智不能測」的。如果可以用有限逼近無限的話，則「化機有盡而不能生萬物矣！」

　　較之劉徽、祖沖之一退千里，重新回到《周髀算經》的時代了。

　　「天人合一」思想的另一個弊病是封建王朝常常把某種思維模式尊為至上，而排斥壓制別的方法。因為《周易》思維把自然現象和人事糾合在一起，統治者便常常為了人事的需要而用行政的力量強調尊崇某種模式，並把它推廣到自然科學的研究中。要求學術研究為政治服務，要求政治思想與學術思想服從統一的模式。

他們希望某種模式能「範圍天地之化而不過，曲成萬物而不遺」，對於某些無法「範圍」的事物，不惜加以扭曲，以造成「不遺」的假象。他們主張人們的思想要「同歸而殊途，一致而百慮」。首先是「同歸」、「一致」，在這個前提下，才允許用不同的方式、不同的思考達到目的。「同歸」、「一致」已是既定的目的，「殊途」、「百慮」只是達到目的的手段。

在 13 世紀下半葉，我國南宋時期數學史上的「四傑」李冶、楊輝、秦九韶、朱世杰也曾經把中國古代數學成就推上了時代的高峰，但很快蒙古奴隸主貴族入主中原，建立元朝，統治者出於鞏固皇權的需要，把孔子的經學和程朱理學一下子抬到了嚇人的高度，欽定為「範圍天地」的模式，自然科學的研究也必須與之「同歸」、「一致」，從而陷入僵死的思維定勢。

明代思想家李贄（1527—1602）諷刺那一時期的讀書人是「儒先臆度而言之，父師沿襲而誦之，小兒朦朧而聽之，萬口一詞不可破也，千年一律不自知也。」❸從此我國的科學技術便陷入悲慘的境地，「四傑」的光輝成就也成為「落日餘輝」，很快就進入茫茫長夜了。

此外，這種獨尊一家、排斥異端的思維模式也反映在對待外來文化的態度上。西方數學曾多次傳入中國而受到抵制。直到 19 世紀，李善蘭（1811—1882）在翻譯《代微積拾級》時，仍將 A、B、C、D 譯成甲、乙、丙、丁；x，y，z 譯成天、地、人。

清代數學史家黃鐘駿還認為，《幾何原本》原是中國

冉子所造，後來才「流傳海外，西人得之，出其精思，以成此書。」❽不過是將中國人的東西做了一些精巧的加工而已。言下之意，這些外來的東西都是中國古已有之的。吾人的模式早已「範圍天地而不過」，還用得著向外人學習嗎？天朝大國的優越感，固步自封的保守性，一至於此，又怎能不影響中國古代數學的發展呢？

(二)經世致用的功利思想

　　中國古代儒家思想的一大特色是經世致用，這一思想的形成肯定也與《周易》有密切的關係。《繫辭上傳》說：「易有聖人之道四焉：以言者尚其辭，以動者尚其變，以製器者尚其象，以卜筮者尚其占。」在《繫辭下傳》的第二章中，連續用了12個「蓋取諸」來闡明易卦對人類的生產生活的全方位的啟發和應用。而折衷於《周易》的中國古代數學也是以能否直接服務於社會作為研究的立足點的。

　　《孫子算經》說：數學是「立規矩、準方圓、謹法度、約尺寸、立權衡、平重輕、剖毫厘、折黍參，歷億載而不朽，施八權而無疆。」這就是說，數學是研究「立規矩、準方圓」等具體應用技術的，這是經歷萬世而不變，放之四海而皆準的真理。這種觀點，自秦漢以降，逐漸成為中國古代數學思想的主流。

　　中國古代數學研究是模式化的方法，根據社會需要提出的實際問題建立數學模型，再根據模型找出一種算法解決實際問題。但由於我國漫長的封建社會使社會生產力發

展緩慢，新的實踐問題提出很少，也缺乏深度，因此，為解決它們而研究的算法也發展緩慢，這就阻礙了中國古代數學的進一步發展。

例如，在西方獲得了一次方程與二次方程的解法後，一方面順理成章地研究方程的負數解和虛數解，一方面按部就班地轉向更高次方程的研究，在得到三、四次方程的求根公式之後，又轉向五次方程的研究，導致了伽羅華群論的產生，開闢了代數學的新方向。反觀中國古代數學，對一次、二次方程早有研究，但卻沒有人去研究虛數，因為當時的社會還提不出實際的需要。

劉徽在《九章算術》中有的方程已有分數解，到了賈憲不但未向前推進，大概是實際問題無須那樣精確，反而退回來把同類問題改成整數，連他的師兄弟也批評他「棄去餘分，於法未盡」，更未能順理成章研究更高次方程。所以秦九韶不得已而人為地編造一些問題，「拔高」其次數以資研究。

《數書九章》中有一道名為「遙度圓城」的問題，最多只要用到列三次方程，而秦九韶卻在解法中故意設直徑的平方根為未知數，從而導出 10 次方程。後人對此頗有微詞，認為秦是「好高騖遠」、「嘩眾取寵」。其實，秦九韶這樣做也是不得已而為之的，是為了「設為問答以擬於用」而故意「拔高」的。

《孫子算經》中載有一個「物不知數」問題，秦九韶從研究「物不知數」問題的一般理論而得到「大衍求一術」，全面地推廣和徹底地解決了這一問題。但是秦九韶

為什麼要把自己的偉大成果說成是來源於《周易》呢？恐怕也是與經世致用的思想影響有關。

《孫子算經》明顯地繼承了《九章算術》的風格，其中的一些幾何問題明顯地比後者更接近於實際。在「經世致用」的思想指導下，這個不聯繫生產、不聯繫生活的「物不知數」從何而來？

一種可能的解釋是來源於占筮：任取一把蓍草，先三三數之，得一餘數，如為奇數則取陽爻，如為偶數則取陰爻；再五五數之，根據餘數的奇偶又可得一爻；之後七七數之又得一爻，最後便得到一個三爻卦。

占筮在古代很盛行，是一種公開的、合法的社會行業，也可以算得上是社會上實際的需要，能符合經世致用的原則，更符合《周易》「以卜筮者尚其佔」的信條。談到佔筮，自然以「大衍之數」為其鼻祖。所以，秦九韶稱他的成果「微寓於易」，既提高了其地位，又證明了其來源於實際，也實在未可厚非。

還必須指出的是，中國古代封建社會的所謂經世致用，主要還是「治國平天下」之類的政治上的「用」，至於用於生產的數學，只是一種不能登大雅之堂的應用技術，從來得不到社會的重視。像趙爽、劉徽這些偉大的數學家，連一個生平簡歷都沒有留下，就足以說明這個問題。

宋末元初，程朱理學盛行，在理學家看來，數學毫無用處。李燾曾經公開反對國家建立算學館，他說：「將來建學之後，養士設科，徒有煩費，實於國家無補。」❾

唐朝的最高學府國子監雖然設有明算科，把數學作為一個專業，但算學博士的官秩才是「從九品下」，算學助教則沒有品秩。而國子監的經學博士官秩為正五品，連助教也是從六品上。兩者的地位相差極為懸殊，因此出現了「士族所趨惟明經、進士二科而已」的局面。

「學而優則仕」對中國古代的數學家並不適用。中國古代數學家們為了提高數學的地位，使它和經學一樣得到社會的同等對待，許多數學家常把自己的優秀數學成果附會成經學的內容，而在重要的儒家經典中，只有《周易》才能附會數學的內容。

如秦九韶把他發明的一次同餘式組解法附會為《周易》的大衍之數，就是一個典型的例子。這樣就更造成了數學思想受囿於《周易》模式的惡性循環。

(三) 述而不作的研究方法

中國古代數學以根據實際問題提煉模型，給出算法為已任，因而數學家的研究就側重於兩個方面：

第一是研究、改進、完善前人的算法，不少數學家竭畢生精力直接為《九章算術》一書作注，自己的著作也以《九章》命名，如《數書九章》、《詳解九章算法》等等。

第二是根據社會實踐提出的新問題歸納建立新的數學模型，新的數學模型如能歸於已有的類，則歸於那一類補充其內容，不能歸於已有類中去的，則增加一個新類。新類仍盡可能與原有的類納於統一的模式中。

這種述而不作的研究方式，束縛了數學家對從數學本身中提出和探索新思想、新理論的努力，雖然對算法的改進也可在一定程度上促進數學的進展，但忽視了對理論的研究，忽視了對各種算法之間內部邏輯聯繫的研究。

　　更有甚者，由於受《周易》思維模式的影響，還把新的數學內容牽強附會地納入已有的模式，用「曲成」的辦法，使原有的模式保持「範圍天地之化而不過」的作用。如《數書九章》中增加了「大衍類」，秦九韶明知「大衍法」是一種新數學，「獨大衍法不載九章，未有能推之者。」但他仍因受了「述而不作」等思想的影響，卻硬說「大衍法」是《周易》中早已有之的內容。

　　《九章算術》的未載，只是作者的疏忽。「聖有大衍，微寓於易……衍而究之，探隱知原……其書九章，惟茲弗紀。」為了證明其說，他對《繫辭》中「大衍之數」一節所提及的古代筮法做了特殊的解釋，由於秦氏的數學功底，居然做到了自圓其說。其實，秦氏對大衍之法的解釋與通行的解釋比較，除了使用共同的術語外，對術語的定義，分揲的辦法，筮數的結果，兩者都相去甚遠。真極盡「曲成」之能事。所以，後人對秦的做法頗多微辭，認為那是牽強附會的典型。

　　唐代的僧一行編製了一部曆法，命名為《大衍曆》。曆法編算的重點之一是確定年和月的天數，它們都不是整數，把不夠一天的部分表為分數，《大衍曆》取得了比較精確的數據。擅長數學的僧一行肯定是用科學的辦法得出這些數據的，如他使用的不等距二次插值法，就是對數學

的一大新貢獻。

但是，他卻使用《周易》的一些術語，如「五行」、「揲四」、「二極」、「兩儀」、「象」、「爻」、「生數」等，硬湊出一套神秘的計算公式來，使之納入《周易》的模式能「援易以為說」，而真正的數學思想的火花也就隨開隨落了。

綜上所述，中國古代數學在《周易》思維的影響下，走上了模式化的道路。模式化本身並不是使中國近代數學落後的原因，相反地，由於《周易》思維模式的某些先進性、合理性，還曾使中國古代數學取得過輝煌的成就。但在繼續發展的道路上，因受到「天人合一」的哲學本體，經世致用的功利思想，述而不作的研究方法的影響，使中國古代數學長期受控於《周易》的思維模式，未能走上自身發展的道路，才導致中國近代數學的落後。

古代數學的成就和近代數學的落後出於同一原因，即《周易》思維模式影響下形成的模式化道路。正是：

成也於斯，敗也於斯。

【註　釋】

❶ 歐陽維誠：《周易新解》，岳麓書社，1990 年。

❷ 吳文俊：《從〈數書九章〉看中國傳統數學的構造性與機械化特色》，《秦九韶與〈數書九章〉》第 75 頁，北京師範大學出版社，1987 年。

❸ 歐陽維誠：《周易的數學原理》，湖北教育出版社，1993 年。

❹ 《愛因斯坦文集》中文版，第一卷，第 574 頁，商務印書館，

1983 年。

❺　朱熹：《周易本義‧易學精華》，第 1075 頁，齊魯書社，1990 年。

❻　錢寶琮校點：《算經十書》，第 156 頁，中華書局，1963 年。

❼　李贄：《續焚書》，第 100 頁，中華書局，1975 年。

❽　黃鐘駿：《疇人傳四篇》，第 5 頁，商務印書館，1955 年。

❾　《續資治通鑒長編》，第 26 頁，浙江書局，1981 年。

第二章
易卦與現代數學的聯繫

在第一章中，我們簡單地介紹了易卦與中國古代數學的聯繫，在這一章中，我們將介紹易卦與現代數學的一些聯繫。易卦的抽象的符號系統，是一個良好的代數結構，它與現代數學的許多分支，如集合論、布爾代數、群論、概率論、組合論等的基本概念，都可建立密切的關係。

數學奧林匹克的許多試題，正是現代數學（主要是離散數學）的某些分支的基本思想的靈活運用，這類問題大抵是一些智力型機智題，需要的具體數學知識和運算一般不太多。本章主要介紹易卦與某些數學分支的基本概念中與解奧賽題有關的部分。

為了書寫和演算的方便，也為了更接近現代數學的形式，有時我們將易卦改寫成下面的形式：

用符號 1 代表易卦中的陽爻「—」，用符號 0 代表易卦中的陰爻「- -」，並且把易卦從下到上的直排順序，改寫成從左到右的橫排順序，全部 6 個爻寫在括號之內，兩個符號之間用逗號隔開。如

乾䷀⟶（1，1，1，1，1，1）

坤䷁⟶（0，0，0，0，0，0）

屯䷂⟶（1，0，0，0，1，0）

蒙䷃⟶（0，1，0，0，0，1）

......

既濟 ䷾ ⟶（1，0，1，0，1，0）

未濟 ䷿ ⟶（0，1，0，1，0，1）

在本書以後各章，我們都不加區別地使用這兩種不同的形式表述易卦。

一、易卦與二進數的關係

為了研究計算機的需要，德國數學家萊布尼茨衝破傳統的束縛，人為地引進了最基本最簡單的進位制——二進位制。

1679 年 3 月 15 日，萊布尼茨撰寫了題為《二進制算術》的論文，在文中詳細地討論了二進位制，不僅給出了用 0 和 1 兩個數碼表示一切自然數的規則，並給出了它們之間的四則運算。同時還將二進制數與十進制數進行了詳細的比較。不過，這篇論文當時沒有公開發表。

1701 年，萊布尼茨將關於二進制算術的論文提交法國科學院，但要求暫時不要發表。同時他給法國在中國的傳教士白晉寫信，在信中詳細講述了二進制思想，希望白晉能把二進制算術介紹給中國。

同年 11 月，白晉把中國宋代邵雍（1011—1077）的伏羲六十四卦次序和伏羲六十四卦方位圖寄給了萊布尼茨。萊布尼茨驚奇地發現，二進制數與易卦具有同構關係。他十分高興地寫信給白晉說，他破譯了中國幾千年不能被人

理解的千古之謎，應該讓他加入中國籍。1703 年，萊布尼茨終於發表了經過補充修改的論文《關於僅用 0 和 1 兩個符號的二進制算術的說明，並附其應用以及據此解釋古代中國伏羲圖的探討》，從此二進制算術公之於世，易卦與二進制算術之間的對應關係也被揭示出來。

每一個易卦都可以表示成一個六位的二進制數（為統一計，允許在不足六位的二進數前補 0，使湊足六位），如

☲☴ ⟶ $101101_2 = 45$

☶☷ ⟶ $000111_2 = 7$

反過來，每一個不超過六位的二進數，也一定可以表示為一個易卦，如

$39 = 100111_2 = $ ☶☵

$13 = 001101_2 = $ ☴☶

二進數在解奧賽題中經常用到，不過，它並沒有涉及太多的理論，所以，此處也不做更詳細的發掘。

二、易卦與集合論的聯繫

集合論是現代數學的基礎，它不僅滲透到了數學的各個領域，也滲透到了許多自然科學和社會科學的領域。德國數學家康托（G. Cantor, 1845—1918）首先提出了集合的概念，他於 1872 年—1897 年間發表了一系列關於集合論的論文，奠定了集合論的基礎。

《繫辭》說：「方以類聚，物以群分」，這裡所說的「類」與「群」就與數學中的「集合」概念非常接近。我們假定讀者對集合的一些基本概念已有一定的了解。

　　集合是一個不精確定義的概念，通常把某些確定的客體的總體稱為一個集合，簡稱集。

　　集合的客體稱為集合的元素，也簡稱元，通常用大寫拉丁字母 A, B, C……等表示集合，用小寫拉丁字母 a, b, c……等表示集合的元素。用記號「$a \in A$ 表示 a 是 A 的元素，用記號「$a \notin A$ 或 $a \bar{\in} A$」表示 a 不是 A 的元素。

　　如果兩個集合的元素完全相同，則稱這兩個集合相等。

　　如果集合 A 的所有元素都是集合 B 的元素，則稱 A 是 B 的子集，記作：

$A \subseteq B$，或 $B \supseteq A$。

　　如果集合 B 至少有一個元素不是其子集 A 的元素，則稱 A 是 B 的真子集，記作：

$A \subset B$，或 $B \supset A$。

　　由某種確定對象的全體所組成的集合叫做全集，通常用 I 表示。

　　由全集 I 中不屬於 I 的子集 A 的那些元素所組成的集合叫做 A 的補集，通常記作 $\bar{A}$。

　　由集合 A 與 B 的所有元素組成的集合（兩個集合中都有的元素只算一個）叫做 A 與 B 的並集，記作 $A \cup B$。

　　由同時屬於 A 與 B 的元素組成的集合叫做 A 與 B 的交集，記作 $A \cap B$。

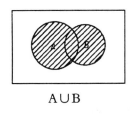
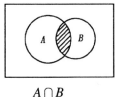
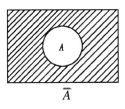

$A \cup B$ $A \cap B$ $\overline{A}$

圖 2-1

並集、交集、補集通常可用一種被稱為文氏圖的圖形表示：圖中長方形表示全集，圓表示集合。圖 2-1 中的陰影部分別表示 A 與 B 的並集、A 與 B 的交集和 A 的補集。

易卦可以從各種不同的角度與集合論發生聯繫，下面我們主要談談子集與關係。

(一)子 集

假定 H 是一個共有 6 個元素的集合，記作 $H = \{a_1, a_2, a_3, a_4, a_5, a_6\}$。$H$ 共有 $2^6 = 64$ 個子集。如果 H 的一個子集包含元素 a_1, a_4, a_6，那麼我們取一個第一、第四、第六爻是陽爻，其餘各爻都是陰爻的卦，就可以在 H 的子集與易卦之間建立起一一對應的關係。因此，任給 6 元集 H 的一個子集，就可以得到一個易卦，如

$\{a_1, a_4, a_6\} \longrightarrow$ ䷦，

$\{a_1, a_3, a_5, a_6\} \longrightarrow$ ䷿，

空集 ∅ $\longrightarrow$ ䷁，

全集 I $\longrightarrow$ ䷀。

反過來，對於任何一個易卦，都可以找到一個 H 的子集和它對應，如

☵ ⟶ {a_3, a_4}，

☳ ⟶ {a_1, a_2, a_3, a_4, a_5}

因此，我們可以把易卦看成 6 元集的子集，全體易卦所成之集 G 就是 6 元集 H 的冪集。

易卦集 G = { ☰，☷，☵，☲，……☶，☱ }

有許多重要的子集，如：

八經卦集：X = { ☰，☷，☵，☲，☳，☶，☱，☴ }，

自復卦集：Y = { ☰，☷，☵，☲，䷁，☶，䷗，☵ }，

一陽卦集：Z = { ䷗，䷖，䷠，䷎，䷏，䷚ }。等等。

(二)關 係

關係是集合論的一個基本概念。

設 A 與 B 是兩個集合（A 與 B 可以相同也可以不相同），在 A 中取元素 a，在 B 中取元素 b，做成一個有序的元素對（a, b），稱為集合 A 與 B 的一個序偶。

A 與 B 的全部序偶所成之集 D 稱為 A 和 B 的笛卡兒積，記作 $A \times B$，即

$$D = A \times B = \{ (a, b) \mid a \in A, b \in B \}$$

A 與 B 的笛卡兒積的一個子集 R，稱為 A 與 B 的一個二元關係。

例如，設 A = { 1, 2, 3 }，B = { x, y }，則（1, x），（2, y），（3, y）等都是 A 與 B 的序偶，但不是 B 與 A 的序偶。（x, 1），（y, 2）等才是 B 與 A 的序偶。

由 A、B 做成的笛卡兒積分別是：

$A \times B$ = { (1, x)，(1, y)，(2, x)，(2, y)，

$$(3,x) \, , \, (3,y) \, \} \, ,$$

$$B \times A = \{ \, (x,1) \, , \, (x,2) \, , \, (x,3) \, , \, (y,1) \, ,$$
$$(y,2) \, , \, (y,3) \, \} \, ,$$

$$A \times A = \{ \, (1,1) \, , \, (1,2) \, , \, (1,3) \, , \, (2,1) \, ,$$
$$(2,2) \, , \, (2,3) \, , \, (3,1) \, , \, (3,2) \, ,$$
$$(3,3) \, \} \, ,$$

$$B \times B = \{ \, (x,x) \, , \, (x,y) \, , \, (y,x) \, , \, (y,y) \, \}$$

集合 $R = \{ \, (1,x) \, , \, (2,y) \, , \, (3,x) \, \}$ 是 $A \times B$ 的一個二元關係。

按照《周易》的說法，太極生兩儀，兩儀生四象，四象生八卦，等等。我們可以把「兩儀」、「四象」、「八卦」等等都看成一個集合：

兩儀集：$A = \{ \, ⚊ \, , \, ⚋ \, \}$；

四象集：$B = \{ \, ⚌ \, , \, ⚍ \, , \, ⚎ \, , \, ⚏ \, \}$；

八卦集：$C = \{ \, ☰ \, , \, ☷ \, , \, ☳ \, , \, ☵ \, , \, ☶ \, , \, ☱ \, , \, ☲ \, \}$.

於是，四象集 B 可以看成兩儀集 A 的二重笛卡兒積，八卦集 C 可以看成兩儀集 A 的三重笛卡兒積，或 A 與 B 的笛卡兒積。易卦集 G 既可看成 A 的六重笛卡兒積，B 的三重笛卡兒積，或 C 的二重笛卡兒積，即

$$B = A \times A \, ,$$

$$C = A \times A \times A = A \times B = B \times A \, ,$$

$$G = A \times A \times A \times A \times A \times A = B \times B \times B = C \times C \, .$$

又一個易卦由 6 個爻位組成，如屯卦 ䷂ 的 6 個爻位是：

初九，六二，六三，六四，九五，上六，假如將其改

寫為：

九初，六二，六三，六四，九五，六上，則每個易卦可以看做下面兩個集合

$X = \{$ 六，九 $\}$

$Y = \{$ 初，二，三，四，五，上 $\}$的一個二元關係。

(三)等價關係與分類

集合 A 與 A 的一個關係簡稱為 A 的關係，A 的關係中最重要的關係之一是等價關係，它是集合中元素分類的基礎。

設 R 是 A 的一個二元關係，若 R 滿足條件：

（1）$(a, a) \in R$，

（2）若 $(a, b) \in R$，則 $(b, a) \in R$，

（3）若 $(a, b) \in R$，$(b, c) \in R$，則 $(a, c) \in R$。則稱 R 是 A 的一個等價關係。

若 $a, b \in A$，且 $(a, b) \in R$，則稱 a 與 b（關於 R）等價，記做 $a \sim b$。

利用等價關係，可以將一個集合的元素分類。設 A 是一個集合，R 是 A 的一個等價關係。在 A 中任取一元素 a，將 A 中所有與 a 等價的元素歸入一類，記作 Ha。即

$Ha = \{x \mid x \in A$，且 $(a, x) \in R\}$

稱 Ha 為集合 A（關於 H）的一個等價類。顯然，當 $(a, b) \in R$，則 $Ha = Hb$，所以 Ha 與 Hb 只算一個類。

設 A_1，A_2，$\cdots\cdots A_k$ 是集合 A 關於等價關係 R 的所有不同等價類，那麼 $\{A_1, A_2, \cdots\cdots A_k\}$ 是集合 A 的一個劃

分。即將 A 劃分成 k 個彼此不相交的非空子集：

(1) $A_i \neq \phi$ ($i = 1, 2, \cdots\cdots k$)，

(2) $A_1 \cup A_2 \cup \cdots\cdots \cup A_k = A$，

(3) $A_i \cap A_j = \phi$ ($1 \leqslant i < j \leqslant k$)。

集合 A 的一個劃分，實際上是將 A 的元素按某一標準（等價關係 R）進行了分類。

易卦集 G 中有許多等價關係，它常常是人們借以對易卦進行分類的依據，如

同下卦關係：䷂ ～ ䷲，

同上卦關係：䷆ ～ ䷗，

同陽爻個數關係：䷋ ～ ䷿ 等等。

三、易卦與布爾代數的聯繫

布爾代數最初是在對邏輯思維法則的研究中出現的。英國哲學家布爾（G Boole, 1815—1864）利用數學方法研究了集合與集合之間的關係的法則。他的研究工作後來發展為一門獨立的數學分支。隨著電子技術的發展，布爾代數在自動化技術和電子計算機技術中得到了廣泛的應用。布爾向量是由 0 和 1 兩個數碼按一定順序排列的數組。即若 a_i 表示數 0 或 1，則

$(a_1, a_2, \cdots, a_n)$ （$a_i \in \{0, 1\}$，$i = 1, 2, \cdots n$）

稱為一個 n 維布爾向量。布爾向量常被用來作為描述一些具有 n 個因素而每個因素都有兩種對立狀態的數學模

型。我們將看到，每一個易卦都可以看成一個布爾向量；反過來，每一個布爾向量也可以當作一個易卦。而易卦的全體所成的集合又是一個布爾代數。

(一)布爾向量

本章開頭時，我們將易卦的寫法做了一種改變，實際上就是改寫成了一個 6 維布爾向量。因此，每一個易卦都可看成一個 6 維布爾向量，例如：

☰ ── (0,1,0,0,0,1)

☰ ── (1,0,0,0,1,1)

反過來，任何一個 6 維布爾向量也就是一個易卦。例如：

(0,0,0,1,1,1) ── ☰，

(0,1,0,0,1,0) ── ☰．

所以，易卦集就是 6 維布爾向量集。

完全類似的，兩儀 { ─ , -- }，四象 { ☰ , ☰ , ☰ , ☰ }、八卦 { ☰ , ☰ , ☰ , ☰ , ☰ , ☰ , ☰ , ☰ } 所成的集合分別是一維、二維和三維的布爾向量：

兩儀集對應一維布爾向量：

─ ── (1)

-- ── (0)

四象集對應二維布爾向量：

☰ ── (1,1)

☰ ── (1,0)

☰ ── (0,1)

☷ $\longrightarrow$ (0 , 0)

八卦集對應三維布爾向量：

☰ $\longrightarrow$ (1 , 1 , 1)

☷ $\longrightarrow$ (0 , 0 , 0)

☶ $\longrightarrow$ (1 , 0 , 0)

☵ $\longrightarrow$ (0 , 1 , 0)

☱ $\longrightarrow$ (0 , 0 , 1)

☳ $\longrightarrow$ (1 , 1 , 0)

☲ $\longrightarrow$ (1 , 0 , 1)

☴ $\longrightarrow$ (0 , 1 , 1)

將若干卦放在一起，就可以排出一個布爾矩陣。例如，乾☰、坤☷、坎☵、離☲四卦，可排成一個 4×6 維矩陣：

$$\begin{bmatrix} 1 & 1 & 1 & 1 & 1 & 1 \\ 0 & 0 & 0 & 0 & 0 & 0 \\ 0 & 1 & 0 & 0 & 1 & 0 \\ 1 & 0 & 1 & 1 & 0 & 1 \end{bmatrix} \begin{matrix} \cdots\cdots ☰ \\ \cdots\cdots ☷ \\ \cdots\cdots ☵ \\ \cdots\cdots ☲ \end{matrix}$$

關於布爾向量與布爾矩陣的數學性質，本書不能詳細介紹，只有在解題時涉及到某一具體知識時再臨時加以說明。

(二)布爾代數

現代數學研究抽象的運算。考察正整數集 N 內的加法，如

$3 + 5 = 8$

3 與 5 可以看做集合 N 中的一個序偶，或者說是 N 的

二重笛卡兒積中的一個元素，由加法「＋」運算，得到 N 中的另一個元素 8。抽象地看，這是 $N \times N$ 中的元素（3，5）透過一種對應法則對應 N 中的元素 8，即

（3，5）——→8

因此，我們可以說，正整數的加法運算是集合 $N \times N$ 到集合 N 的一個映射。

再看減法運算，令 Z 表整數的集合。

3 － 5 ＝ －2

被減數 3 與減數 5 仍可看做 $N \times N$ 的元素（3，5），但 －2 不是 N 的元素，而是整數集 Z 的元素。因此，減法運算可以看做 $N \times N$ 中元素（3，5）由一種對應法則對應於 Z 中的元素 －2。

（3，5）——→－2

因此，可以說正整數的減法是集合 $N \times N$ 到集合 Z 的一個映射。

所以，我們這樣來定義運算：

設 A 與 B 是兩個給定的集合，A 的二重笛卡兒積 $A \times A$ 到 B 的一個映射，稱為集合 A 的一個二元運算。

在易卦（布爾向量）中定義適當的運算之後，就成為一個布爾代數。我們先給兩儀集 $A = \{—, --\}$ 定義兩種運算，分別稱為加法和乘法，用記號 $\oplus$ 和 $\otimes$ 表示，$\oplus$ 與 $\otimes$ 的

$\oplus$	—	--
—	—	—
--	—	--

$\otimes$	—	--
—	—	--
--	--	--

定義如上表所示：

　　給定一個集合 A，如果在 A 中定義了兩種運算，分別稱之為加法與乘法，並用符號 $\oplus$ 與 $\otimes$ 表示之。這個集合 A 與它的兩個運算所構成的代數系統，如果滿足下列全部條件，則稱為一個布爾代數：

　　（1）兩個運算都滿足結合律，即對任意的 a，b，$c \in A$，都有

　　$(a \oplus b) \oplus c = a \oplus (b \oplus c)$，

　　$(a \otimes b) \otimes c = a \otimes (b \otimes c)$．

　　（2）兩個運算都滿足交換律，即對任意的 a，$b \in A$，都有

　　$a \oplus b = b \oplus a$，

　　$a \otimes b = b \otimes a$．

　　（3）每一個運算對另一個運算滿足分配律，即對任意的 a，b，$c \in A$，都有乘法對加法的分配律：

　　$a \otimes (b \oplus c) = (a \otimes b) \oplus (a \otimes c)$．

　　加法對乘法的分配律：

　　$a \oplus (b \otimes c) = (a \oplus b) \otimes (a \oplus c)$．

　　（4）在 A 中存在加法的零元和乘法的單位元，即在 A 中存在兩個元素，分別記作 θ 和 e，使得對任意的 $a \in A$，下列等式成立：

　　$a \oplus \theta = \theta \oplus a = a$，

　　$a \otimes e = e \otimes a = a$．

　　（5）A 中每一個元素都有補元，即對任一 $a \in A$，存在一個對應的元素 $a' \in A$（a' 與 a 可以相同），使得

$$a \oplus a' = e,$$
$$a \otimes a' = \theta.$$

則 a' 稱為 a 的補元（顯然 a 也是 a' 的補元）。

滿足上述五個條件的集合 A 連同它的兩個運算所成的代數系統就稱為布爾代數。

一個布爾代數涉及到六個要素：集合 A，加法運算「$\oplus$」，乘法運算「$\otimes$」，補元運算「$'$」，零元 θ 和單位元 e。因此，常用符號 $(A, \oplus, \otimes, ', \theta, e)$ 來表示一個布爾代數。

布爾代數的一個最簡單的例子是所謂二值代數：

設 $\beta_1 = \{0, 1\}$ 是一個只有兩個元素的集。定義 β_1 的加法與乘法如下：

+	1	0
1	1	1
0	1	0

×	1	0
1	1	0
0	0	0

不難直接驗證：「+」與「×」兩個運算都滿足結合律、交換律和一個對另一個的分配律。並且 A 有零元 0，單位元 1。1 的補元是 0，0 的補元是 1。所以 $\beta_1 = \{1, 0\}$ 是一個布爾代數。

現在我們將兩儀集 $A = \{ —, -- \}$ 之中的陽爻「—」對應於 β_1 中的 1，陰爻「--」對應於 β_1 中的 0，則兩個集合同構。所以 $A = \{ —, -- \}$ 是一個布爾代數，特別是一個二值代數。我們不妨稱它為「陰陽代數」。

把兩儀集的運算 $\oplus$ 和 $\otimes$ 推廣到多爻的卦上，如四象

集、八卦集、易卦集上，運算的方法是在同一爻位上的兩爻按陰陽代數的法則運算，例如：

$$\underline{\underline{\underline{\equiv}}} \oplus \underline{\underline{\underline{\equiv}}} = \underline{\underline{\underline{\equiv}}} \qquad \underline{\underline{\underline{\equiv}}} \otimes \underline{\underline{\underline{\equiv}}} = \underline{\underline{\underline{\equiv}}}$$

所以，四象集、八卦集、易卦集對於運算$\oplus$、$\otimes$都構成一個布爾代數。

四、易卦與群論的聯繫

群是現代數學中一個極為重要的概念。它是 19 世紀法國青年數學家伽羅華（E . Galois，1811—1832）在研究 5 次以上代數方程的解法時，於 1832 年引進的。群在數學的各個分支中，在許多理論科學和技術科學中都有十分重要的應用。如相對論中的洛倫茲群，量子力學中的李群，都是現代科學中常識性的工具。

今天群論已發展成為一門艱深的數學分支。我們將看到，在適當地定義了易卦集（類似地對兩儀、四象、八卦的集也一樣）的運算之後，易卦集就成為一個交換群。它與數學中的模 2 加群同構，而且有許多有趣的子群。

在群的定義中要用到抽象的運算和結合律的概念（抽象的運算不一定滿足交換律），運算仍照上節的定義理解，結合律可按數的加法或乘法滿足結合律那樣理解。

設 G 是一個非空集合，如果在 G 中定義了一種二元運算（通常把這個運算叫做乘法，乘號一般省略不寫），滿

足下列條件：

（1）乘法運算是封閉的，即對任意的 a, $b \in G$，其積 $ab = c$ 仍是 G 的元素。

（2）乘法運算滿足結合律，即對任意的 a, b, $c \in G$，都有

$(ab) c = a (bc)$.

（3）G 中有一個單位元。即 G 中存在元素 e，對於任意的 $a \in G$，都有

$ea = ae = a$.

（4）G 中每一個元素都有逆元。即對任意的 $a \in G$，G 中存在元素 a^{-1}（a^{-1} 可以與 a 相同），使得

$aa^{-1} = a^{-1}a = e$,

則 G 稱為一個群。

若 G 的乘法還滿足交換律，即對任意的 a, $b \in G$，都有

$ab = ba$,

則稱 G 為交換群或阿貝爾群（Abelian group）。

一個最簡單的群的例子是 $G = \{-1, 1\}$，G 的乘法是普通的乘法「×」，我們來逐條驗證 G 滿足群的 4 個條件：

（1）由乘法表：

$1 \times 1 = 1$，$1 \times (-1) = -1$，$(-1) \times 1 = -1$，

$(-1) \times (-1) = 1$，G 對於它的乘法是封閉的。

（2）G 的乘法是普通的乘法，有理數的乘法滿足結合律，G 的乘法當然也滿足結合律。

（3）因為 G 中的 1 對於 G 的全部元 1 和 −1 都滿足

$1 \times 1 = 1$，$1 \times (−1) = (−1) \times 1 = 1.$

所以 1 是 G 的單位元。

（4）因為 $1 \times 1 = 1$，$(−1) \times (−1) = 1.$ 即 G 的元素 1 有逆元 1，−1 有逆元 −1.

因為 4 個條件都能滿足，所以 G 是一個群；同時因乘法滿足交換律，故 G 是一個交換群。

現在，我們對兩儀集 $A = \{\,—\,,\,--\,\}$ 來定義一個乘法「$\times$」：

$\times$	—	--
—	—	--
--	--	—

與有理數乘法的符號規則「同號得正，異號得負」類似，這個乘法運算可稱為「同性得陽，異性得陰」。

將 A 中的陽爻「—」與 G 的 1 對應，陰爻「--」與 0 對應，則 A 與 G 同構。因此兩儀集 A 是一個群。它的單位元是「—」，每個爻是它自己的逆元。

把 A 的乘法推廣到四象集、八卦集、易卦集上，就得到相應的群。我們不妨稱之為四象群、八卦群、易卦群。

對於易卦群 D，易知：

乾卦 ☰ 是它的單位元；每一個卦都是它自己的逆元。

以後我們把這個群記為 $D_1.$

現在我們給兩儀集 $A = \{\,—\,,\,--\,\}$ 定義另一種運算加法「$+$」：

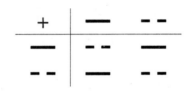

在 $A = \{$ ─ , ﹣﹣ $\}$ 與 $G = \{1, -1\}$ 的元素之間做對應：

　─ ⟶ -1 ，﹣﹣ ⟶ 1 ，

則 A 與 G 同構，因而 A 是一個群，這個群稱為「模 2 加群」。

　　將 A 的運算法則推廣到四象集、八卦集、易卦集上，又得到相應的群。

　　我們將易卦集 D 所產生的這個群記為 D_2 .

　　則 D_2 的單位元是坤卦 ䷁ ，每一個元的逆元是它本身。

　　易卦集 D 的兩種群 D_1 與 D_2 是同構的。其對應關係是

　　卦 X ⟶ 卦 X 的變卦（也叫旁通）X' .

　　設 G 是一個群，H 是 G 的一個子集合，如果對 G 的乘法，H 本身也是一個群，則稱 H 為 G 的子群。

　　對於易卦群 D_1 ，有許多有趣的子群，如

　　單位元 ䷀ 作成一個子群：$E = \{$ ䷀ $\}$；

　　乾 ䷀、坤 ䷁ 兩卦也作成一子群：$F = \{$ ䷀ , ䷁ $\}$；

　　乾 ䷀，坤 ䷁，坎 ䷜，離 ䷝ 四卦作成一個子群：$H = \{$ ䷀ , ䷁ , ䷜ , ䷝ $\}$.

　　八經卦也作成一個子群：$J = \{$ ䷀ , ䷁ , ䷜ , ䷝ , ䷲ , ䷳ , ䷸ , ䷑ $\}$.

　　並且易見，E、F、H、J 依次前一個是後一個的子群。

五、易卦與組合論、圖論、數論、概率論等的聯繫

(一)易卦與組合論

眾所周知，易卦就是由兩個元素「—」和「--」，每次取 6 個的重複排列，因此，易卦與排列組合的關係至為密切，例如

（1）一個三爻卦相當於從二元集 { —，-- } 中取 3 個的重複排列，故三爻卦有 $2^3 = 8$ 個。

一個六爻卦相當於從二元集 { —，-- } 中取 6 個的重複排列，故六爻卦共有 $2^6 = 64$ 個。

（2）朱熹在《周易本義》中引李之才的卦圖，按卦中陽爻的個數將 64 卦分類排列，以計算出「一陽五陰之卦」、「二陽四陰之卦」……的個數。在二項式定理中，令 $n = 6$，則有

$$(x + y)^6 = x^6 + 6x^5 + 10x^4y^2 + 15x^3y + 10x^2y^2$$
$$+ 6xy^5 + y^6,$$

當我們把 x 看做陽爻，y 看做陰爻，則 x^5y 表示「五陽一陰之卦」，x^3y^3 表示「三陽三陰之卦」等等。而 x^5y 的系數就是「五陽一陰之卦」的個數，x^3y^3 的系數就是「三陽三陰之卦」的個數等等。

（3）將一個卦的所有爻都改成相反的爻，所得的新卦稱為原卦的變卦或旁通卦。一個卦倒轉過來也可得一新卦

稱為原卦的復卦。如果一個卦的復卦恰好是它自己，則稱為自復的卦。如果一個卦的復卦又是它的變卦，則稱為亦復亦變.。

一個卦是自復卦的充要條件是它的第一爻與第六爻、第二爻與第五爻、第三爻與第四爻的爻性相同。因此每一個自復卦由它的下卦完全決定，每一個自復卦對應一個三爻卦，三爻卦共有 $2^3 = 8$ 個，所以自復卦也有 8 個。

一個卦是亦復亦變的充要條件是它的初爻與上爻，第二爻與第五爻，第三爻與第四爻有相反的爻性。因此，每一個亦復亦變的卦也由它的下卦完全決定，因而一個亦復亦變的卦對應一個三爻卦，所以共有 $2^3 = 8$ 個。

（4）東漢易學家講變卦還有一種「互體」的說法，所謂「互體之象」，是指在一個卦中共有 6 爻，第一、第二、第三 3 個爻組成一個經卦，第四、第五、第六 3 個爻也組成一個經卦。這是一個易卦的上、下卦。除此之外，第二、第三、第四 3 個爻也可以組成一個三爻卦，第三、第四、第五 3 個爻也組成一個三爻卦，後面這兩個三爻卦稱為原來易卦的「互體之象」。

這也是一個典型的組合問題：「將 1，2，3，4，5，6 等 6 個數字能組成多少 3 個連續的整數組？」其答案是 4 個，即

123，234，345，456.

東漢人講「互體」還有一種「連互之法」，即將上面的四個三爻卦兩兩重疊起來組成一個易卦，但做下卦的開頭一個數必須小於做上卦的開頭一個數。例如（123）

（２３４）可做成一卦，但（３４５）（２３４）不能連成一個卦。這樣「連互」起來的新易卦，分別稱為原卦的「四畫連互」（只包含原卦的４個爻）或「五畫連互」（包含原卦的５個爻）。

這也是一個組合問題，顯然「連互」的卦共有

２＋２＋１＝５（個）

即

（１２３）（２３４）——四畫連互，

（１２３）（３４５）——五畫連互，

（２３４）（３４５）——四畫連互

（２３４）（４５６）——五畫連互，

（３４５）（４５６）——四畫連互。

此外，河圖、洛書也是組合學中古老的內容。「洛書」是一個三階幻方。楊輝在《續古摘奇算經》中提出構造三階幻方的方法：

九子斜排，上下對易，左右相更，四維挺進。戴九履一，左三右七，二四為肩，六八為足。

其具體作法如下圖所示：

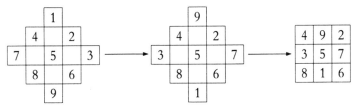

圖2-2

（二）易卦與數論的聯繫

易卦與整數論中的基本工具同餘有聯繫。

設 m 是一個給定的正整數，如果兩個整數 a 和 b 用 m 除所得的餘數相同，則稱 a 與 b 模 m 同餘。記做

$a \equiv b \pmod{m}$

同餘關係是一種等價關係，即具有性質：

（1）自反性：$a \equiv a \pmod{m}$；

（2）對稱性：若 $a \equiv b \pmod{m}$，

則 $b \equiv a \pmod{m}$；

（3）傳遞性：若 $a \equiv b \pmod{m}$，$b \equiv c \pmod{m}$，

則 $a \equiv c \pmod{m}$.

全體整數可按模 m 的同餘關係劃分為 m 個等價類，稱為模 m 的剩餘類。例如取 $m = 4$，則有

$K_0 = \{ \cdots\cdots , -8 , -4 , 0 , 4 , \ 8 \cdots\cdots \}$

$K_1 = \{ \cdots\cdots , -7 , -3 , 1 , 5 , \ 9 \cdots\cdots \}$

$K_2 = \{ \cdots\cdots , -6 , -2 , 2 , 6 , 10 \cdots\cdots \}$

$K_3 = \{ \cdots\cdots , -5 , -1 , 3 , 7 , 11 \cdots\cdots \}$

很明顯，在同一個剩餘類中任何兩個數都模 m 同餘；不在同一個剩餘類中的任何兩個數都模 m 不同餘。

在模 m 的每一個剩餘類中取一個數，所得的 m 元數組稱為模 m 的一個完全剩餘系，簡稱完系。

例如，對模 4 而言，$\{ 0 , 1 , 2 , 3 \}$ 是一個完系。

可以建立易卦集中的許多同餘關係。例如將易卦集按陽爻的個數分類，可以看做是對模 7 的剩餘類（實際上是

剩餘類的子集）。而下面的 7 個卦：

則可看成模 7 的一個完系。

(三) 易卦與概率論的聯繫

在古人「揲蓍成卦」的方法中，包含相當豐富的概率問題。

關於占筮的具體方法，最早的也是最權威的記載見於《繫辭》：「大衍之數五十，其用四十有九，分而為二以象兩，掛一以象三，揲之以四以象四時，歸奇於扐以象閏，五歲再閏，故再扐而後掛……是故四營而成《易》，十有八變而成卦……」這是一套嚴格的程序，對此，傳統易學是這樣解釋的：

（1）取 50 根蓍草，去其 1，實際只用 49 根（大衍之數五十，其用四十有九）。

用 R 記蓍草的實際用數，則可用數學公式表示如下：

$R = 50 - 1 = 49$．

（2）將 R 任意分成兩部分（分而為二以象兩）。

因為下一步要在一部分中去掉一根，故假設兩部分中任一部分的根數不少於 2。

$R = R_1 + R_2 (2 \leqslant R_1, R_2 \leqslant 47)$

（3）在 R_1 中去其 1（掛一以象三）

$(R_1 - 1) + R_2 = 48$

（4）將兩份蓍草數 $(R_1 - 1)$ 和 R_2 分別用 4 除，求

其餘數（揲之以四以象四時）。

設它們的餘數分別為 r_1 和 r_2，必須注意的是，當一份蓍草數用 4 除的餘數為 0 時（另一份用 4 除的餘數也必為 0），則餘數看做 4 不看做 0。

$(R_1 - 1) \equiv r_1 \pmod 4$，$R_2 \equiv r_2 \pmod 4$

$(1 \le r_1, r_2 \le 4)$.

（5）去掉作為餘數的 r_1、r_2 根蓍草，連同原來在 R_1 中拿掉的一根，共去掉 $1 + r_1 + r_2$ 根。（歸奇於扐以象閏）。

$r_1 + r_2 + 1 = 5$ 或 9

$R - (r_1 + r_2 + 1) = 44$ 或 40

（6）把剩下的 44 根或 40 根蓍草合起來，稱為「一變」。將第一變後剩下的蓍草重複上述（2）～（6）的過程。這可能出現兩種情形：

情形甲	$R_1 + R_2 = 44$ $(R_1 - 1) + R_2 = 43$ $R_1 - 1 \equiv r_1$，$R_2 \equiv r_2 \pmod 4$ $r_1 + r_2 + 1 = 4$ 或 8 $44 - (r_1 + r_2 + 1) = 40$ 或 36
情形乙	$R_1 + R_2 = 40$ $(R_1 - 1) + R_2 = 39$ $R_1 - 1 \equiv r_1$，$R_2 \equiv r_2 \pmod 4$ $r_1 + r_2 + 1 = 4$ 或 8 $40 - (r_1 + r_2 + 1) = 36$ 或 32

這叫做第「二變」。將第二變後剩下的蓍草合起來，再重複（2）～（6）的過程，這時有三種可能出現：

情形甲	$40 = R_1 + R_2$ $(R_1 - 1) + R_2 = 39$ $R_1 - 1 \equiv r_1 \pmod 4$ $R_2 \equiv r_2 \pmod 4$ $r_1 + r_2 + 1 = 4$ 或 8 $40 - (r_1 + r_2 + 1) = 36$ 或 32
情形乙	$36 = R_1 + R_2$ $(R_1 - 1) + R_2 = 35$ $R_1 - 1 \equiv r_1 \pmod 4$ $R_2 \equiv r_2 \pmod 4$ $r_1 + r_2 + 1 = 4$ 或 8 $36 - (r_1 + r_2 + 1) = 32$ 或 36
情形丙	$32 = R_1 + R_2$ $(R_1 - 1) + R_2 = 31$ $R_1 - 1 \equiv r_1 \pmod 4$ $R_2 \equiv r_2 \pmod 4$ $r_1 + r_2 + 1 = 4$ 或 8 $32 - (r_1 + r_2 + 1) = 28$ 或 24

這是「三變」。第三變之後，剩下的蓍草數必為 36，32，28，24 這四個數中的一個，他們都是 4 的倍數，分別用 4 除之，其商為整數，稱為筮數：

$36 \div 4 = 9$ …… 奇數，得陽爻「—」

$32 \div 4 = 8$ …… 偶數，得陰爻「--」

$28 \div 4 = 7$ …… 奇數，得陽爻「—」

$24 \div 4 = 6$ …… 偶數，得陰爻「- -」

當商即筮數為奇數（7或9）時就得到一個陽爻「—」；當商為偶數（6或8）時就得一個陰爻「- -」。這稱為「三變得一爻」。同樣地連續做6次，就得到6個爻，把他們依次從下到上排列起來便得到一個卦。例如，如果6次所得的筮數依次為7，7，6，6，8，7，那麼，就得到☲卦。因為每得一爻，要做一次「三變」，得6爻要連做6次「三變」，共需18變，所以說：「十有八變而成卦」。又因為「三變」之後，可能得到6,7,8,9四個不同的筮數。如果得的是奇數7和9，就決定一個陽爻；如果得的是偶數6和8，就得到一個陰爻。

利用古典概率的計算方法，可分別求出出現筮數6,7,8,9的概率，此處從略。

揲蓍成卦的過程，還可以看成一個6次貝努里試驗概型，它的每次試驗有兩種對立的結果：出現陽爻或出現陰爻，並且出現陽爻與出現陰爻的概率分別為$\frac{1}{2}$。根據貝努里公式，出現k個（$0 \leqslant k \leqslant 6$）陽爻的卦的概率為

$$P(k) = C_6^k (\frac{1}{2})^k (\frac{1}{2})^{6-k} = C_6^k (\frac{1}{2})^6 = \frac{C_6^k}{64}.$$

(四)易卦與圖論的聯繫

圖論的起源可以追溯到18世紀歐拉（L. Euler 1707—1783）關於哥尼斯堡七橋問題的工作開始，本世紀中期以來，由於離散數學的作用越來越大，圖論作為一門提供一

種應用數學模型的學科得到了蓬勃的發展。這裡所說的圖，不是函數圖或幾何圖，而是反映一些點與線的關係的結構圖。

圖的抽象定義如下：

設 V 是平面上的有限點集，這些點之間連有一些線，其所成之集記為 E，則 V 與 E 合在一起稱為一個圖，記作 $G = (V, E)$。V 中的點稱為圖的頂點，E 中的線稱為圖的邊。頂點的個數稱為圖的階，記作 $|G|$。

如圖 2-3 是一個 6 階的圖，它的頂點集 $V = \{A, B, C, D, E, F\}$，邊集 $E = \{AF, AE, FC, BD\}$。

如果在一個圖中給它的線規定了方向，則稱為有向圖（如圖 2-5）。沒有規定方向的圖稱為無向圖。

在一個圖中從一個頂點發出的線的條數稱為該點的度。若為有向圖，則以該點為出發點的線的條數稱為該點的出度，以該點為終點的線的條數稱為入度。

如果從一個圖 G 的任何一個頂點出發，可以沿著圖的邊走到其它的任何一個頂點，則稱 G 是連通的。如圖 2-3 是不連通的，圖 2-4 是連通的。

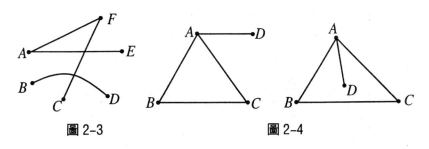

圖 2-3　　　　　　　　圖 2-4

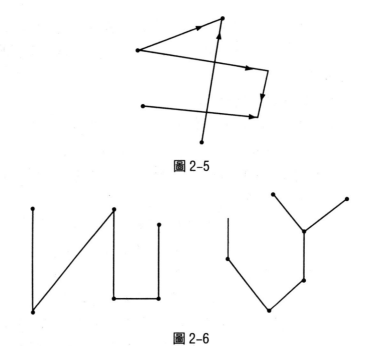

圖 2-5

圖 2-6

如果一個連通圖 G 中沒有圈則稱為樹。

例如，圖 2-4 的兩個圖都不是樹，而圖 2-6 的兩個圖都是樹。

一個 n 階樹恰好有 n 個頂點，n-1 條線。

在作了適當的規定之後，易卦與易卦的某些組合可以與圖論發生聯繫。

（1）取 n 個易卦，使它們中的任何兩卦都不在兩個（或兩個以上）相同的爻位上同時有陽爻，如：

A   B   C   D   E

把它們看做一個圖的頂點，如果兩卦之間在同一爻位上都是陽爻，就認為它們之間有聯線，否則認為沒有聯線，上述 5 卦就構成一個圖（如圖 2-7）。

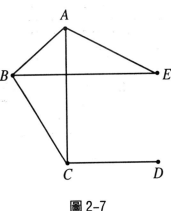

圖 2-7

（2）在易卦中用「初，二，三，四，五，上」表示各爻的爻位，用「六、九」表示一個卦各爻的爻性。如果用這 8 個字當做一個圖的頂點，那就可以用一個 8 階的圖來表示一個易卦。

例如離卦 ☲ =（1，0，1，1，0，1）可用圖 2-8（a）的圖來表示。該圖的 8 個頂點中的兩個是「六」和「九」，其餘頂點是「初、二、三、四、五、上」即 6 個爻位，離卦的 6 個爻是：「初九、六二、九三、九四、六五、上九」，所以在初與九、三與九、四與九、上與九、

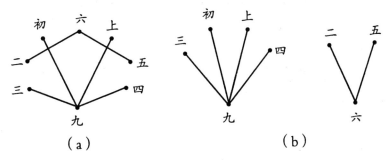

（a）　　　　　　　　　（b）

圖 2-8

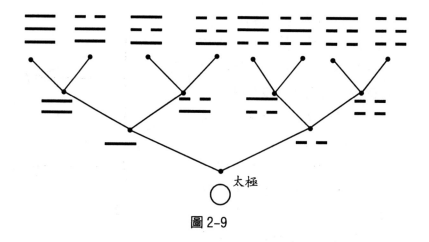

圖 2-9

二與六、五與六之間分別聯一條線，在其餘的點與點之間不聯線，就得到圖 2-8（a）。餘可仿此。離卦也可以畫成圖 2-8（b）那樣由兩個樹組成的圖。

（3）如果我們把太極、兩儀（一，- -）、四象（⚎，⚏，⚍，⚌）、八卦（☰，☳，☲，☵，☶，☷，☱，☴）當做頂點。兩點之間是由一點加一爻於其上而成的，如☲與☵，則在這兩點之間聯一條線；否則，兩點之間不聯線，則「太極生兩儀，兩儀生四象，四象生八卦……」的過程可以用一個 15 個頂點 14 條邊的樹來表示（圖 2-9）。

這樣的樹稱為「二叉樹。」

第三章
易卦與數學奧林匹克解題思想

在前兩章中我們粗略地介紹了《周易》對中國古代數學的影響和《周易》與現代數學的聯繫，在這一章中，我們將具體地接觸到一些數學奧林匹克解題思想。換句話說，我們將把一些數學奧林匹克解題思想移植到易卦中來，並借助於易卦的符號來表述；但反過來，我們也容易看到，這些思想的確是易卦本身所固有的，不能簡單地看成是現代數學思想對《周易》思想的認同或附會。

前面說過，本書所討論的主要是指所謂「智力型的機智題」，這類問題的一個顯著特點是，解題時不需要太多的數學預備知識，也不需要複雜的數學計算，只需要某種數學思想。

沒有找到解題的竅門時，對解題無從下手，有時連入門之徑也找不到。但一旦找到了解題的竅門，題目就像紙老虎一樣，一點就破，很容易解答。許多這類問題，利用易卦符號解答起來還是非常方便的。

一、易卦與染色思想

染色在本質上是一種分類方法，將不同類的數學對象

用不同的顏色表示，使得解題時可以直觀地研究這些數學對象的性質。染色時常用的有二染色、三染色等等，簡言之，把數學對象分成幾類就用幾種顏色，易卦的符號完全可以代替顏色使用。如：

用陰陽二爻（「 —— 」、「 - - 」）可對應黑白二色；

用三個一陽卦（ ☷，☳，☷ ）可表示三種顏色；

用四象（ ⚌，⚎，⚍，⚏ ）可表示四種顏色等等。

例題 1　怎樣設計一條參觀路線

如圖 3-1 所示，一個正方形的展覽館裡有 36 間展室，有一個進口和一個出口，每兩個相鄰的展室之間都有門相通。現在有一位參觀者想從進口進去，從出口出來，每一間展室都參觀到，但不重複。這位參觀者能達到目的嗎？如果可能，請為他設計一條參觀路線，如果不能，請說明道理。

此題原為匈牙利的一道數學競賽試題，在國內外廣為流傳。近 20 年來國內外出版的各種數學競賽的讀物，幾乎沒有不把它選做例題或習題的。1977 年，我國恢復高考，中國科技大學首次招收了少年班學員，在招生考試中，數學試卷裡就有這一試題。

這是一個「二染色」的典型例題。一般都用染色方法來解。如圖 3-2，將 36 個展室依次相間地染上黑白兩種顏色，則參觀者無論怎樣走法，從白色的展室只能走到黑色展室，從黑色展室只能走到白色展室。所以，當參觀者從白色展室進口進去之後，只能按白—黑—白—黑—白……的次序前進。因此，不管參觀者怎樣走法，第 36 步只能走

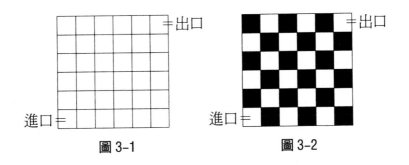

圖 3-1　　　　　　　　　圖 3-2

到一間黑色展室，決不能從白色的展室出口出去。此人的
目的不能達到。

　　我們可以用陽爻「─」代表白色，陰爻「--」代表黑
色，分別在 36 個展室裡依次相間地畫上一個陽爻或一個陰
爻。同樣可以證明：參觀者決不能從陽爻的展室入口，不
重複地走遍 36 個展室，又從陽爻的展室出來。

　　我們再看第二屆全國初中數學通訊賽的一道試題：

例題 2　用瓷磚鋪地問題

　　用 15 塊大小是 4 × 1 的
矩形瓷磚和 1 塊大小是 2 × 2
的正方形瓷磚，能不能恰好
鋪滿一塊 8 × 8 的地面。

　　本題的答案是不存在符
合題設要求的鋪法。

　　證明一　如圖 3-3，以兩
格為間隔，依次放上陽爻和
陰爻，顯然，地面上共放陽

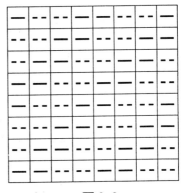

圖 3-3

爻、陰爻各 32 個。

每一塊 4×1 的瓷磚無論是橫放或直放，也無論放在何處，總是蓋住兩個陽爻和兩個陰爻，當用任何方式鋪下 15 塊 4×1 的瓷磚後，剩下的地面上一定放著兩個陽爻和兩個陰爻。但一塊 2×2 的瓷磚不管放在何處，總是蓋住 3 個陽爻和 1 個陰爻，或者 3 個陰爻和 1 個陽爻。所以，用一塊 2×2 的瓷磚無論如何也蓋不住剩下的兩個陽爻和兩個陰爻。這個矛盾證明了本題所要求的鋪蓋不存在。

證明二　如圖 3-4，把「四象」依次填入 64 個方格，使得與主對角線平行的斜線上總是相同的「象」，每行都是「四象」各 2 個。所以整個平面上「四象」各有 16 個。不論如何放置一塊 4×1 的瓷磚，總是蓋住 4 個不同的象各一個，而一塊 2×2 的瓷磚蓋住的 4 個象中，與主對角線平行的斜線上的兩象總是相同的。即一塊 2×2 的瓷磚無論如何也蓋不住 4 個不同的象。當 15 塊 4×1 的瓷磚鋪下後，恰好蓋住 4 種不同的象各 15 個，剩下 4 種象各一

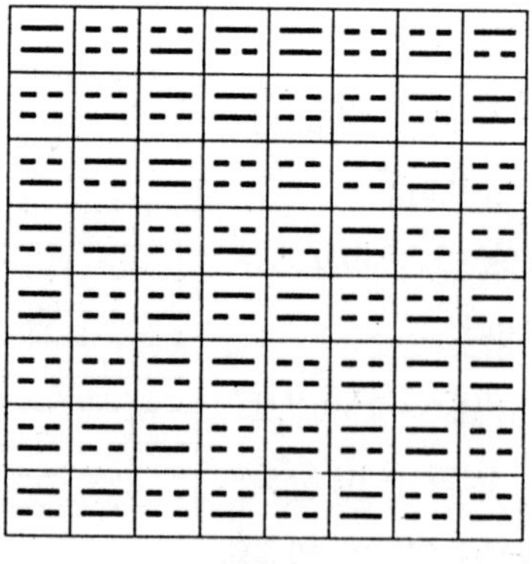

圖 3-4

個，不可能用一塊 2×2 的瓷磚蓋住。

這個問題仍是染色問題。不過它可以用「二染色」和「四染色」兩種方法來解。

二、易卦與映射思想

數學中在解決某些計數問題時，常常由映射，使用配對方法來間接計算。

設有 A、B 兩個有限集合，現在要計數集合 A 中元素的個數 $|A|$，但直接計算有困難，於是找到另一集合 B，有一種辦法可以將 A 的元素與 B 的元素一一配對，換言之，在集合 A 與 B 之間可以建立一一映射的關係，而集合 B 的元素個數 $|B|$ 易於計數，那麼，只要計數出集合 B 的元素個數 $|B|$ 之後，集合 A 的元素個數 $|A|$ 也知道了，因為有 $|A| = |B|$。

由於易卦集的個數很有規律，三爻卦有 2^3 個，六爻卦有 2^6 個，一般地，n 爻卦有 2^n 個。有些數學競賽中的計數問題可以將要計數的集合與易卦集之間建立映射關係，借助於計數卦的個數來解決原來的計數問題。

例題3　完成寒假作業的方案

學校給小明布置了 7 道寒假作業，每天至少完成一道，有多少種不同的方式完成作業。

本題的答案是一共有 64 種方式。

解　每一種安排作業的方式都可以用一個卦來表示。例如：若小明的作業分 4 天做完，第一天做 2 道，第二天做 1 道，第三天做 3 道，第四天做 1 道。那麼，我們就可以畫一個這樣的卦和它對應：

第一天做完了 2 道，第二爻畫陽爻；

第二天共做完 2 + 1 = 3 道，第三爻畫陽爻；

第三天已做完 2 + 1 + 3 = 6 道，第六爻畫陽爻。

其餘的第一、第四、第五都取陰爻，則得到一個卦，即蠱卦☶☴。

反過來，任給了一個卦，例如小過卦☳☶：

因為第一個陽爻在第三爻，安排第一天做 3 道；第二個陽爻在第四爻，第二天應做 1 道題（3 + 1 = 4），以後再沒有陽爻，即剩下的 3 道題在第三天全部做完。

由此可知，安排作業的方式與易卦有一一對應的關係，易卦共有 2^6 = 64 個，所以，共有 64 種不同的完成作業方式。

這道題與我們在引論中介紹的劇團需要準備多少劇目的問題類似，本質上仍是求 6 元集的子集數問題。把 7 道題寫成一行

①　②　③　④　⑤　⑥　⑦

在 7 道題之間有 6 道空隙，在 6 個空隙中任取若干個，在其中畫一條短線，就把 7 道題分成了若干段，每天完成一段，就決定了一種完成作業的安排方式。例如

①　②／③　④　⑤／⑥／⑦

表示這樣一種安排方式：

7 道題分 4 天完成，第一天做 2 道，第二天做 3 道，第三天和第四天各一道。

如果把 6 個空隙當做一個卦的 6 個爻位，當空隙中畫有短線時，該爻位就取陽爻；當空隙中沒有短線時，該爻就取陰爻，便得一易卦。

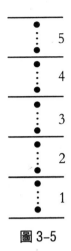

圖 3-5

例題 4　放小球入盒的方法

把 100 個小球放進 5 個編了號的盒子中，有多少種不同的放法。（不允許有空盒子）

解　把 100 個小球排成一列，如圖 3-5，100 個小球之間有 99 個空隙，取一個乾卦，將其初爻置於最下方，上爻置於最上方，中間 4 爻任意插入 99 個空隙之中，每兩個爻之間相當於一個盒子，從下到上依次為 5 個編號為 1，2，3，4，5 的盒子。夾在兩爻之間的小球個數相當於放在這個盒子裡的小球個數。

由此可見，每一次將中間 4 爻插入 99 個空隙的任意 4 個之中，就對應著一種把 100 個小球放進 5 個盒子中的方法數。反過來也一樣。

所以，把 100 個球放入 5 個編了號的盒子中去的方法數，就等於 99 個元素中取 4 個的組數（99 爻卦中 4 陽爻卦的個數），根據組合公式不難計算出：

$$C^4_{99} = \frac{99 \times 98 \times 97 \times 96}{4 \times 3 \times 2 \times 1} = 3\ 764\ 376$$

即把 100 個球放入 5 個編了號的盒中的方式數為 3

764 376 種。

例題 5　取黑球與取白球

將 n 個完全一樣的白球與 n 個完全一樣的黑球裝進一個布袋，然後把它們一個一個地摸出來，直至取完。在取球過程中，至少有一次取出的白球比取出的黑球多的取法有多少種？

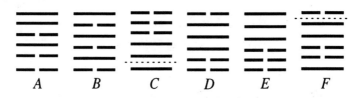

$$A \quad B \quad C \quad D \quad E \quad F$$

解　如果取到一個白球，就畫一個陽爻，取到一個黑球就畫一個陰爻，按取球的次序從下到上排列起來，就得到一個 $2n$ 爻的卦，這個卦中有 n 個陽爻和 n 個陰爻。

如果是合乎本題要求的摸球法，一定可以在卦中畫一條線，使線下的各爻中，陽爻比陰爻多一個，如 C 卦畫在第一與第二爻之間，F 卦畫在第五爻與第六爻之間，不滿足條件的摸球方法就一定畫不出這樣的線，如 A、B、E 卦。

現在任取一個滿足條件的摸球方法，設對應的卦為 A。在第三爻和第四爻之間畫一條線，則線下陽爻比陰爻

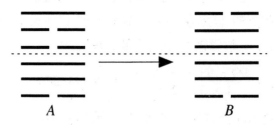

$$A \qquad\qquad B$$

多 1 個，線上陰爻比陽爻多 1 個。將線上的爻都改變爻性，線下的爻保持不變，得到卦 B。B 卦中無論是線上或線下陽爻都比陰爻多 1 個，所以 B 卦有 $n+1$ 個陽爻，$n-1$ 個陰爻。

不難看到，從 A 映射到 B，是一一對應，所以滿足條件的摸球方法數等於 A 型卦的個數，也就是等於 B 型卦的個數。B 型卦的個數是在 $2n$ 個爻中取 $n+1$ 個陽爻的方法數，共有 C_{2n}^{n+1} 個。所以，有 C_{2n}^{n+1} 種滿足條件的摸球方法。

三、易卦與賦值方法

與染色、映射一樣，賦值方法也是數學競賽中常用的方法。

某些數學對象本身並沒有數量關係，為了推導這些對象之間的一些性質，常常將它們與某些特定的數值相對應，透過對數量的計算來推導對象的性質。

易卦思想與賦值方法之間的聯繫也是多種多樣的，例如：

（一）用陽爻對應 1，陰爻對應 -1，按照第二章第三節關於「同性相乘得陽，異性相乘得陰」的乘法進行運算。

（二）用陽爻對應 1，陰爻對應 0，按布爾代數的運算法則（第二章第三節）進行運算。

（三）把陽爻當做算籌，按普通運算法則計算。

（四）把易卦對應二進數，等等。

許多數學問題都依靠賦值方法找到解題途徑。

例題6　能不能翻轉所有的茶杯

7 只茶杯，口全朝下，允許每次將其中 4 只翻轉，稱為一次「操作」。能否透過若干次操作，將茶杯全部變成口朝上？

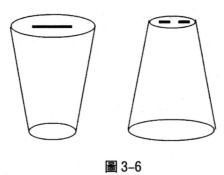

圖 3-6

解　不能。茶杯分為口朝上和口朝下兩種狀態。如圖 3-6，我們用陽爻「—」來表示口朝上的狀態，用陰爻「--」表示口朝下的狀態。

按照第二章第三節的定義，我們給兩儀之集 $A = \{$ —，-- $\}$ 定義一個乘法如下：

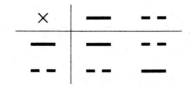

即「同性得陽，異性得陰」。

開始時 7 只茶杯的口都朝下，它們的狀態都是陰爻，

把它們相乘，其積仍為陰爻：

$$-- \times -- \times -- \times -- \times -- \times -- \times -- = -- \quad （＊）$$

與有理數乘法的符號法則一樣，改變一個乘積中偶數個因子的符號，乘積的符號不變。改變乘積（＊）中偶數個因子的爻性，乘積的爻性不變，仍為陰爻。因此，不管操作多少次，7 個杯子的狀態的乘積仍保持為陰爻「--」。

但 7 只杯子口都朝上時，7 個狀態都是陽爻，它們的乘積是

$$— \times — \times — \times — \times — \times — \times — = — \quad （＊＊）$$

從（＊）式無法透過有限次操作得到（＊＊），所以總不可能使 7 只茶杯的口都朝上。

本題為某國的一個數學競賽試題，通常的解法是用 1 和 −1 兩個數賦值。

例題 7　物不知數問題

一個正整數用 3 除的餘數為 2，用 5 除的餘數為 3，用 7 除的餘數為 2。問滿足這一條件的最小正整數是多少？

解　滿足題設的最小正整數是 23。

我們取 7 個 3 爻的乾卦三，排成一行：

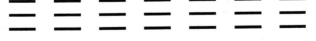

顯然，當我們把每一個爻當作 1，則這些卦的爻數既是 3 的倍數，又是 7 的倍數。但用 5 除的餘數為 1。所以，我們只要在上面 7 個卦後再加上兩個陽爻，就得到符合題設條件的最小正整數 23。

☰ ☰ ☰ ☰ ☰ ☰ ☰

註：這是我國古代數學名著《孫子算經》中的著名問題。原題是：

「今有物不知其數。三三數之剩二；五五數之剩三；七七數之剩二。問物幾何？」

這是一個一次同餘式組問題。即

$$
\begin{cases}
x \equiv 2 \,(\bmod\, 3) \\
x \equiv 3 \,(\bmod\, 5) \\
x \equiv 2 \,(\bmod\, 7)
\end{cases}
$$

我國宋朝數學家秦九韶得出了解一次同餘式組的方法，秦九韶稱它為「大衍求一術」。一般稱為「孫子定理」。國外稱為「中國剩餘定理」。

《孫子算經》提供的具體算法（沒有提到算法的理論根據）是：

「三三數之剩二，置一百四十；五五數之剩三，置六十三；七七數之剩二，置三十。併之，得二百三十三，以二百一十減之，即得。凡三三數之剩一，則置七十；五五數之剩一，置二十一；七七數之剩一，則置十五。一百六以上，以一百五減之，即得」。

明朝數學家程大位把這個算法用一首通俗的歌訣來表示：

三人同行七十稀，五樹梅花廿一枝。

七子團圓正半月，除百零五便得知。

現在我們就用本題來說明這個算法：

用 3 除的餘數為 2，將 2 乘以 70，得 140；

用 5 除的餘數為 3，將 3 乘以 21，得 63；

用 7 除的餘數為 2，將 2 乘以 15，得 30．

把 140，63，30 三個數相加，得 233．因為和大於 105，再減去 105 的 2 倍 210，即得 23．

例題 8 19 個隊參加籃球循環賽，已知每一個隊都已至少賽過 13 場。證明一定有 4 個隊已經互相比賽過。

證 我們畫一個 19 爻的卦，代表 19 支球隊，最下的第一支是陽爻，設它代表球隊 A。凡與 A 比賽過的隊都用陽爻，未賽過都用陰爻。在卦中刪除陰爻後，至少還剩 14 個陽爻。

現在設第二爻代表球隊 B，①中凡與 B 比賽過的仍保留為陽爻，未與 B 賽過的改為陰爻，因為每隊都已賽 13 場，至多有 5 隊未與該隊比賽，故至多有 5 個陽爻變成了陰爻，刪除後在 A、B 之上至少還有 7 個陽爻。

再在②中取第三爻 C，凡未與 C 比賽過的陽爻都改為陰爻而刪去，最多再刪去 5 爻，至少在 C 之上還剩下一爻，記為 D。（圖 3-6）

A、B、C、D 這 4 個隊顯然都已經互相比賽過。

註：本題是一個「圖論」問題。用圖論的語言來敘述就是：在一個有 19 個頂點的圖中，每一個頂點至少與 13 條邊相聯。證明：圖中一定存在一個完全四邊形。

例 7 與例 8 都是把陽爻當做算籌使用的賦值例題。

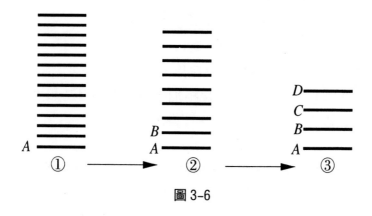

圖 3-6

四、易卦與二進數方法

數學競賽試題有不少是可以借助二進數思想來解答的。易卦既然與二進數有同構關係，因此在數量不太大的情況下，用易卦來代替二進數解題，不僅是可行的，而且因為卦具有直觀性，對解題更有幫助。

二進數有許多特殊的性質，數學競賽中有一類操作變換問題，它們的變化過程常常可以由二進數的運算來控制其變化。如下面的例題 10 關於抓石子的問題，在數學中都是借助二進制來解決的，利用易卦就起著數形結合的作用。

例題 9　阿凡提巧分金鏈

國王宣布要賜給阿凡提一條由 7 個環組成的金鏈，但規定阿凡提只可以切斷其中一環，然後每天必須拿走一環，也只許拿走一環，7 天取完。否則不但得不到金環，

圖 3-7

還要受處罰。請問聰明的阿凡提有辦法取走金環嗎？

解 阿凡提只要切開第三環，使 7 個環變成三節，一節 1 環，一節 2 環，一節 4 環，就可以達到目的。

解決這一問題的另一想法是利用二進數，我們知道 1～7 的整數都可以用不超過三位的二進數來表示，每個數位上的值分別是 1，2^1，2^2，每位的數字只有 0 與 1 兩種，所以只要有 1，2^1，2^2 的三節環，用取與不取來表示各數位上的數字 1 與 0，則一定可以每天恰好取得一環。由易卦可以直觀地表示出來。

事實上，我們用 3 個三爻卦 ☳ , ☵ , ☶ 分別表示 1，2，4。將 1，2，3，4，5，6，7 化為二進數，一定可用 ☳ , ☵ , ☶ 個卦表示出來。每天恰好取走一環的方法如下表：

天　數	阿凡提取走的	留在國王處的
1	☳	☵　☶
2	☵	☳　☶
3	☳　☵	☶
4	☶	☳　☵
5	☳　☶	☵
6	☵　☶	☳
7	☳　☵　☶	

例題 10　怎樣才能立於不敗之地

桌上擺有 5 堆小石子，兩人輪流來取。每人每次可以從任一堆中取走 1 粒或多粒石子，但不許不取也不許從幾堆中取。問參加遊戲者採取什麼樣的策略，才能使自己立於不敗之地？

解　在解答這道問題之前，我們先介紹奇型或偶型的概念。

任取 n 個易卦（可以有若干個相同），整齊地排成一行，例如（這裡取 $n = 5$）：

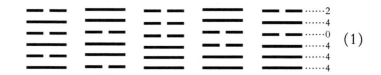

$$(1)$$

卦右側標的數字 4，4，4，0，4，2 是各個爻位上陽爻的個數。即第一爻位上有 4 個陽爻，第二爻位上有 4 個陽爻，……第六爻位上有 2 個陽爻。我們把這 6 個數稱為（所取 5 卦的）特徵數組。

若特徵數組中的 6 個數全是偶數，則稱這個 5 卦組為偶型；若 6 個特徵數至少有一個是奇數，則稱這個 5 卦組為奇型。

對於任何一個偶型 5 卦組，將其中一卦改變成另一卦，就一定變為奇型。因為把一個卦變成另一卦時，至少有一個爻位上的爻性改變了，使得在這個爻位上或者增加一個陽爻，或者減少一個陽爻，從而導致這一爻位上的特徵數增加 1 或減少 1，都從偶數變為奇數。於是新的特徵

數組中至少有一個奇數，從而變為奇型。例如，我們將
（1）列舉的 5 卦組的第 5 卦 ䷓ 換成 ䷟，就成為

　　　　　　　　　　　　　　　　　　……3
　　　　　　　　　　　　　　　　　　……4
　　　　　　　　　　　　　　　　　　……0　　（2）
　　　　　　　　　　　　　　　　　　……3
　　　　　　　　　　　　　　　　　　……4
　　　　　　　　　　　　　　　　　　……4

　　新的第 5 卦的第 3 爻和第 6 爻的爻性變了，相應的特
徵數也由偶數變為奇數，所以新的 5 卦組變為奇型。

　　至於一個奇型的 5 卦組，換掉其中一卦，並不能保證
它變為偶型，但總有一種辦法把其中一卦換成另一個特定
的卦，使卦組變為偶型。

　　例如，（2）是一個奇型 5 卦組，我們先找到特徵數是
奇數的最高爻位。在（2）中是第 6 爻位。由於這一爻位上
的陽爻個數是奇數，必然有一個卦在這個爻位上是陽爻，
如（2）中的第 2 卦，其第 6 爻就是陽爻，我們就將這一卦
換掉。換的具體方法是：看哪些爻位上的特徵數是奇數，
將這些爻位上的性改變，即將這些爻位上的陽爻變為陰
爻，陰爻變為陽爻，就得到一個新卦。例如，就（2）中第
2 卦而言，因特徵是奇數的爻位有第 3 爻和第 6 爻，將這
兩爻的爻性改變：

　　　　　　第六爻位的特　　　　　　第三爻位的特
　　　　　　徵數為奇數改　　　　　　徵數為奇數再
　　　　　　變第六爻　　　　　　　　改變第三爻

將新卦 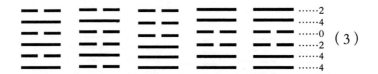 換掉 ䷒，便得到一個新 5 卦組：

$$\begin{array}{l} \cdots\cdots 2 \\ \cdots\cdots 4 \\ \cdots\cdots 0 \\ \cdots\cdots 2 \\ \cdots\cdots 4 \\ \cdots\cdots 4 \end{array}$$ （3）

　　因為換卦後使得原來為奇特徵數的爻位上都增加或減少了一個陽爻，相應的奇特徵數都變成了偶數；而原來為偶特徵數的爻位上沒有改變爻性，仍保持為偶數。所以，全部特徵數都變成了偶數。

　　綜上所述，可知：

　　（1）對於偶型 5 卦組，改變其中任一個卦都將變成奇型 5 卦組；

　　（2）對於奇型 5 卦組，則可以按上面所說的操作（以下簡稱操作）改變其中一卦，使之變成偶型組。

　　有了偶型和奇型的概念，就可以回答如何保持不敗的問題了。為方便計，不妨礙一般性，設開始 5 堆石子數為

42 , 27 , 56 , 51 , 58

　　把它們寫成 6 位的二進數（如位數不到 6 位可在前面加 0）便得到

101010, 011011, 111000, 110011, 111010 .

　　這 5 個二進數對應一個 5 卦組：

$$\begin{array}{l} \cdots\cdots 2 \\ \cdots\cdots 4 \\ \cdots\cdots 0 \\ \cdots\cdots 4 \\ \cdots\cdots 4 \\ \cdots\cdots 4 \end{array}$$ （4）

這是一個偶型組。當然，如果開始時 5 堆石子的數量不同，也可能相應的 5 卦組是奇型的。

總之，當 5 堆石子的數目確定之後（只要每堆最多不超過 63 粒），就對應一個 5 卦組，這個 5 卦組或者是偶型，或者是奇型。

當石子取完時，對應的 5 卦組應是：

（5）

它顯然是一個偶型。

當遊戲者面臨一個偶型組時，他從一堆中取走若干粒石子，相當於該堆石子所對應的卦變成了另一個卦，根據前面的結論，他總得到一個奇型組。

因為面臨偶型組的人總不能一次取石子後得到偶型組，所以他不能將石子取完。

當遊戲者面臨一個奇型組時，按前面的結論，總可以經由一次「操作」，改變其中一卦，使之變為偶型。由於「操作」時最高的爻位總是由陽爻變為陰爻，所以新卦所對應的二進數總比原卦所對應的二進數小。遊戲者總可以從相應的堆中取走若干粒石子使原卦變成新卦，從而得到一個偶型。

至此，我們就得出了使自己立於不敗之地的策略：只要自己每次取完石子後都留給對手一個偶型組。因此：

（1）當 5 堆石子開始的狀態為偶型組時就讓對手先

取，他取後留下一個奇型。自己再按「操作」從一堆中取走若干粒，使之重新變為偶型。如此繼續，總讓對手面臨偶型組，留下奇型組；自己則總是面臨奇型組，留下偶型組。由於每取一次都至少減少一粒石子，最後自己必然得到組（5），即取走最後一粒石子。

（2）若開始時 5 堆石子的狀態是奇型組，則爭取自己先取，經由一次「操作」，使之變為偶型組。形勢就轉化為（1），從而使自己獲勝。

註：本題石子的堆數增多或減少，解答不需做任何改變，只考慮它是奇型組還是偶性組即可。如果各堆的石子數超過 63，在本質上不需改變，只是要用爻數更多的卦，如「7 爻卦」「8 爻卦」等。

五、易卦與奇偶性分析

透過對整數的奇偶性分析而獲得解題突破的技巧，稱為奇偶性分析。在數學競賽試題中，需要利用奇偶性分析來解的題目出現頻繁，是歷年命題的熱點。

這一技巧與染色、賦值、映射等技巧都有密切聯繫。有些奇偶分析可利用易卦來處理。如用陽爻表示奇數，陰爻表示偶數。或用有奇數個陽爻的卦表示奇數，有偶數個陽爻的卦表示偶數等等。

例題 11　數學教育國際討論會的問題

1984 年在數學教育國際討論會上，一位英國學者提出了這樣一個問題：

在一個 4 × 6 的方格盤中，要在其中 18 個方格內放下 18 個奶瓶。每格內放一個，但要求每行、每列內放置的奶瓶數都是偶數，問應如何放？

解　本題若直接試探將 18 個奶瓶逐一放入試驗，不僅麻煩且易顧此失彼，可以換一角度考慮。

在一個 4 × 6 的方格盤中，選取 6 個方格打上記號，相應的行列中都是偶數。

我們用 3 個有兩個陽爻的三爻卦排在一起，每個爻位上都恰有兩個陽爻即可。例如下面 3 個卦就可以了：

我們只要把這 3 個卦放在方格盤中任何一個 3×3 的方格內，每個方格內放一爻，陽爻「—」就當做不放奶瓶的記號。例如，下面就是一種可行的打記號法：

例題 12　七座橋的故事

18 世紀，東普魯士有個叫哥尼斯堡的城市（現名加里寧格勒，屬立陶宛共和國），城內有一條大河，河中有兩

個小島，全城有 7 座橋將河的
兩岸和河中兩個小島像圖 3-8
那樣連接起來。

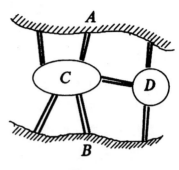

圖 3-8

當時那裡的居民都熱衷於
解決一個難題：一個散步者怎
樣從一塊陸地出發，走遍 7 座
橋，每座橋都只經過一次，不
得重複，然後回到出發點。

當時有許多人去試驗，但
都毫無結果。於是有人向當時著名的數學家歐拉求教，歐
拉在 1736 年證明了：這樣的走法是不存在的。

這就是數學史上有名的「七橋問題」。

請你證明，這樣的走法為什麼不存在。

證 4 個小圓圈代表 4 塊陸地，用圓與圓之間的連線
代表橋，就得到圖 3-9 那樣的一個圖。A、B、D 3 塊陸地
都與 3 座橋相聯，就在小圓圈內放一個 3 個陽爻的卦，C
處有 5 座橋相聯，則放一個 5 個陽爻的卦。於是，每座橋
的兩端分別聯繫兩個陽爻。

現在設想散步者不管從哪塊陸地走到另一塊陸地，凡
經過一座橋，就對該橋兩端的卦分別把一個陽爻改成陰
爻，並把橋「拆」去。

例如，當散步者從 D 到 B 後，則圖 3-9 變成圖 3-10。
考慮一塊陸地如果不是起點或終點的話，當散步者從任何
一橋到達該點，該處的卦就消去一個陽爻；又因為此處不
是終點，他必須從另一橋離去，離去時又消掉一個陽爻。

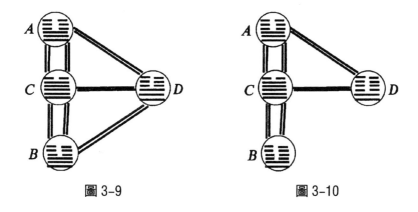

圖 3-9   圖 3-10

一進一出，總是成對地消去陽爻，最後變為剩下一個陽爻（因為各處都只有奇數個陽爻）。這意味著與這塊陸地聯接的橋只剩一座。如果再進來，「拆」掉此橋，就無法離開。如果不進來，這座橋就未走到。所以，放有奇數個陽爻的卦的任一塊陸地都不能作為中間點，只能做起點或終點。起點和終點最多只有兩個，但在「七橋問題」中，A、B、C、D 4塊陸地都放的是有奇數個陽爻的卦，都必須做起點或終點，這是不可能的。這個矛盾就證明了所要求的走法是不存在的。

　　註：這個問題是所謂「一筆畫」問題。「七橋問題」的證明提供了一個判斷圖形能不能一筆畫的方法。在一個圖中，凡與奇數條線相聯的點叫奇點；與偶數條線相聯的點叫偶點。如圖 3-11（a）中，A、C、D 三點都與 2 條線相聯，B、F、E 都與 4 條線相聯，所以都是偶點。但在圖 3-11（b）中，G、I、M、N 與 2 條線相聯，K 與 4 條線相聯，都是偶點；J、P、L、H 都與 3 條線相聯，都是奇點。

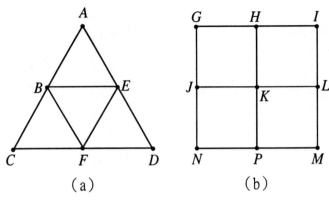

（a）　　　　　　（b）

圖 3-11

一個連通圖可以一筆畫的充要條件是：

圖中的奇點不多於兩個，並且奇點只能做起點或終點。

圖 3-11（a）中沒有奇點，故可以一筆畫；而圖 3-11（b）中有 4 個奇點，所以不能一筆畫。

例 13　自然數組成的數列

用 n 個自然數組成一個（可重複的）長為 N 的數列，且 $N \geqslant 2^n$。證明：可以在這個數列中找出若干連續的項，它的乘積是一個完全平方數。

證　設給定的 n 個數是 $\{a_1, a_2, \cdots\cdots a_n\}$. 做出的數列是 $b_1, b_2, \cdots\cdots b_N, b_i \in \{a_1, a_2, \cdots\cdots a_n\}$. 現在根據 $\{a_1, a_2, \cdots\cdots a_n\}$ 和 $\{b_1, b_2, \cdots\cdots b_N\}$ 來造一個 n 爻的卦 V_i（$i = 1, 2, \cdots\cdots N$）：

若 $a_k(k = 1, 2, \cdots\cdots n)$ 在 $b_1, b_2, \cdots\cdots b_N$ 的前 i 個 b_1，

b_2, ……b_i 中出現了奇數次,則 V_i 的第 k 爻用陽爻,若出現了偶數次,則第 k 爻用陰爻。

例如,取 $n = 3$,$N = 9 > 2^3$,數列 $B = \{b_1, b_2, b_3,$ ……$b_9\}$ 是 $\{a_3, a_2, a_1, a_1, a_3, a_2, a_3, a_3, a_2\}$,利用 $\{B\}$ 可做出 9 個 3 爻卦 V_i($i = 1, 2,$ ……9).

這 9 個卦 V_i 是這樣得來的:

例如 V_3 因數列 $\{B\}$ 的前 3 項是:

a_3, a_2, a_1 在這 3 項中,a_1 出現了 1 次是奇數,所以第一爻是陽爻,同理,因 a_2 出現了 1 次,第二爻是陽爻,a_3 出現了 1 次,第三爻也是陽爻。所以 V_3 就是乾卦 ☰。

再看 V_7,因為數列 $\{B\}$ 中的前 7 項是:

a_3,a_2,a_1,a_1,a_3,a_2,a_3.

a_1 出現了 2 次是偶數,a_2 出現了 2 次是偶數,a_3 出現了 3 次是奇數,所以 V_7 的第一爻、第二爻是陰爻,第三爻是陽爻,所以 V_7 就是艮卦 ☶。

顯然,若 V_i 中有一個坤卦,它的 n 個爻都是陰爻。那麼在數列的前 i 項中,a_1,a_2,…… a_n 都出現了偶數次,它們的積就是一個平方數。

若 V_i 中沒有坤卦,因 V_i 有 N 個,$N \geq 2^n$,V_i 是 n 爻卦,不同的卦除掉坤卦後只有 $2^n - 1$ 種,所以 V_i 中必有兩個是相同的。不妨設,V_i 與 V_j 相同($i < j$),則在數列 $\{B\}$ 中,任一 a_k 在 $b_1, b_2,$ ……b_n 與 $b_1, b_2,$ ……b_i, b_{i+1},$b_{i+2},$ …… b_j 中出現次數奇偶性相同,那麼在 b_{i+1}, b_{i+2},……b_j 這些項中,a_k 都出現偶數次。所以這 $j - i$ 項的乘積就是平方數。命題證完。

六、易卦與圖論思想

　　圖論問題在數學競賽試題中出現頻繁。在第二章第五節中，我們簡單地介紹了一下易卦與圖的聯繫。

　　利用易卦解圖論題時，常用的方法是：用一組 n 爻的 n 個卦表示有 n 個頂點的圖，當頂點 i 與 j 有連線時，就將第 i 卦的第 j 爻取陽爻，當 i 與 j 兩個頂點不連線時，就將 i 卦的第 j 爻取陰爻。

　　這 n 個卦就代表一個 n 頂點的圖，分析圖中陽爻的數量和分布規律可獲得某些解題途徑的啟示。

例題 14　循環賽中的「三怕」現象

　　一次有 n（$n \geq 3$）名選手參加的循環賽，每對選手賽一場，沒有平局。且無一選手全勝。證明必有 3 名選手 A、B、C，使得 A 勝 B，B 勝 C，C 勝 A。

　　證　用一個三個陽爻的乾卦表示初爻勝中爻，中爻勝上爻，上爻勝初爻的情況。

　　因為 n 名選手必有勝局最多的選手 B（或勝局最多的選手之一）。取 B 做中爻，因 B 未能全勝，故有戰勝 B 的選手 A，取 A 做初爻。考慮被 B 戰勝的選手中，必有 1 人戰勝過

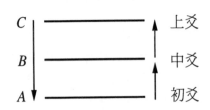

A。否則，B 戰勝過的選手都被 A 戰勝，且 A 又勝 B，那麼，A 至少比 B 多勝一場。與 B 為勝局最多者的假設相矛盾，故被 B 戰勝的選手中必有 C，C 戰勝了 A，取 C 為上爻。於是便得了所要求的三個陽爻的卦。即存在 A、B、C 三名選手，使 A 勝 B，B 勝 C，C 勝 A。

註　本題也可以這樣來選取 A、B。

因為沒有任何一名選手全勝，故最多的也只能勝 $n-2$ 場，n 名選手中獲勝的場次只有 0，1，……$n-2$ 等 $n-1$ 種情況，必有 2 人獲勝的場次相同。但這兩人不可能同勝 0 次。此兩人比賽一局，沒有平局，必有一人獲勝。故可設 A、B 二人獲勝的場次相同，並且 A 勝 B。則可取 A 做初爻，B 為中爻，被 B 戰勝者中必有戰勝 A 的 C，取 C 做上爻即可。

例題 15　淘汰賽比賽的場次

100 名乒乓球運動員參加比賽，比賽採用淘汰制，即把運動員兩兩分組進行一場比賽，負者被淘汰，勝者進入第二輪。再把進入第二輪的運動員兩兩分組，負者被淘汰，勝者進入第三輪。如此繼續。若遇到某一輪的運動員為單數，則令其中一名運動員輪空，直接進入下一輪。最後決出冠軍。問一共要進行多少場比賽？

解　考慮「太極生兩儀，兩儀生四象，四象生八卦…」的過程：

這個過程往上「生」幾層，就得到一些幾爻的卦。現在把這個過程倒轉來看，用這些卦代表運動員，兩個「同

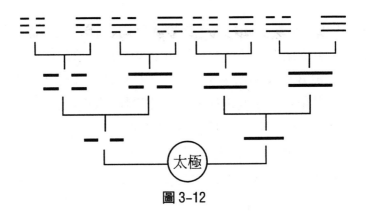

圖 3-12

根」的卦進行一場比賽，陰爻多者為負，被淘汰；陽爻多者為勝，進入下一輪，並去掉最上的一爻。如此繼續，直至太極就決出冠軍。

由這個過程可知，凡有陰爻的卦，都被淘汰，每淘汰一卦恰好要進行一場比賽。100 個卦中（7 爻卦共有 128 個，其餘 28 卦可以一視同仁地淘汰下去，最後不計這些「運動員」被淘汰的比賽場次）只有一卦沒有陰爻，其餘 99 卦均被淘汰，所以要進行 99 場比賽。

顯然，本題可推廣到 n 名運動員的情況，n 名運動員參加比賽，需進行 $n-1$ 場比賽。

七、易卦與其它解題思想

數學奧林匹克中還有一些問題，如古典概率問題、同餘問題、邏輯問題、對策問題、操作變換問題等，有時也

可利用易卦思想來解，下面再舉幾個簡單的例子，說明易卦思想方法如何在解這些問題時的應用。

例題 16　三位老師的課程表

在一個年級裡，甲、乙、丙三位老師分別教數學、物理、化學、生物、語文、歷史。每位教師教兩門課。已知：

（1）化學老師與數學老師住在一起；

（2）甲老師是三位老師中最年輕的；

（3）數學老師與丙老師是一對優秀的象棋手；

（4）物理老師比生物老師年長，比乙老師又年輕；

（5）三人中最長者住家比其他二位遠。

解　我們用一個卦的 6 個爻從下到上依次表示數學、物理、化學、生物、語文、歷史 6 門課程，若某老師教哪門課，則將那一爻取陽爻，不教哪門課，則將那一爻取陰爻。暫時還不能判明的則用變爻符號「✕」表示，於是，每一位老師都對應一個二陽爻的卦。而且 3 個卦的 6 個陽爻都分布在不同的爻位上。根據條件（1）～（5），可逐步畫出 3 個卦。

我們先看最年長者是一個怎樣的卦？

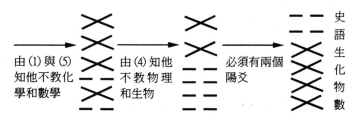

可知最年長者教語文和歷史。

再由（1）知，化學與數學老師不是同一人，他們對應的卦應是兩個不同的卦。

由（4）知，物理老師不是乙，由（2）知也不是甲，故是丙。由（3）知物理老師不教數學，於是，三個卦便都出來了。

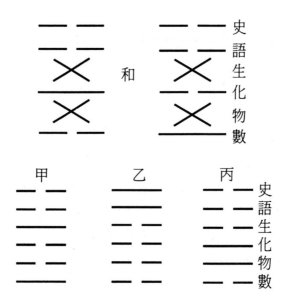

即：

甲教數學和生物；

乙教語文和歷史；

丙教化學和物理。

例題 17　怎樣安排循環賽的日程表

有 6 支籃球隊進行循環賽,即每兩隊之間都進行一場比賽。為了保證運動員的休息,每隊每天至多只安排一場比賽。另一方面,為了節約比賽經費,要求在盡可能短的時間內比賽完畢。應該怎樣安排比賽的日程表。

解 每一支球隊都要與另 5 支球隊比賽一場,共賽 5 場,而這支球隊每天只能參加一場比賽,所以至少要 5 天才能賽完。

另一方面,每場比賽從 6 個隊中抽取 2 隊,共需進行 $C_6^2 = 15$ 場比賽。6 個隊每天可安排 3 場比賽,因此,最理想的安排方法是在 5 天之內每天賽 3 場,恰好在 5 天之內安排下全部 15 場比賽。

這樣的日程表是存在的。我們用①、②、③、④、⑤、⑥分別給 6 個隊編號。並將它們與易卦的爻位對應。易卦中恰有 15 個兩個陽爻的卦,每一個兩陽爻的卦恰好對應一場比賽。例如,解卦☷的第二爻和第四爻是陽爻,就安排第②隊和第④隊比賽一場。現在只要把 15 個恰有兩個陽爻的卦排成 5 行,每行 3 卦,使得 3 卦的 6 個陽爻恰好分別在 6 個爻位上,即每個爻位上恰好有一個陽爻。一種可行的安排如下:

第一天 ☷ ☷ ☷ ①—⑤ ②—④ ③—⑥
第二天 ☷ ☷ ☷ ①—⑥ ②—⑤ ③—④
第三天 ☷ ☷ ☷ ①—② ③—⑤ ④—⑥
第四天 ☷ ☷ ☷ ①—③ ②—⑥ ④—⑤
第五天 ☷ ☷ ☷ ①—④ ②—③ ⑤—⑥

所以,6 個隊的循環賽恰好 5 天賽完。上面的日程表

是最好的安排。

註1：也許有人會問，這張日程表是「硬湊」出來的呢？還是有什麼具體的計算方法？事實上是有具體算法的。

其算法是：在15個卦中隨便取一個卦，把它的兩個陽爻所在的爻位相加（當有一個爻位是第6爻位時，則不用加法，而將另一個爻位乘2），把它們的和用5除，看餘數是幾（餘數為0時做5），就把這個卦所對應的比賽安排在第幾天。例如，小過卦☳的兩個陽爻分別在第3、第4爻位，$3 + 4 = 7$，7用5除的餘數是2，所以把對應的一場比賽③-④安排在第2天。又例如，蒙卦☶的兩個陽爻在第2和第6爻位，這時因有一個爻位是6，不用加法，只將另一個爻位乘以2，$2 \times 2 = 4$，4用5除的餘數為4，所以把對應的一場比賽②－⑥安排在第4天。

註2：這個方法可推廣到 $n = 2m$ 個隊舉行循環賽的日程安排，其理論依據是數論中的同餘式。

用 $1，2，\cdots\cdots n$ 給 n 個球隊編號。

先考慮 $1，2，\cdots\cdots n-1$ 這 $n-1$ 個隊，把第 n 隊暫時放在一邊，若 $i + j \equiv k \pmod{n-1}$（$k = 1, 2, \cdots\cdots n-1$）當 $i \neq j$ 時，則令第 i 隊與第 j 隊在第 k 天比賽，若 $i = j$ 則令第 i 隊與第 n 隊在 k 天比賽。

這樣，每一個隊都恰好與其它各隊比賽了一場，而且每個隊都不可能在一天內有兩場比賽。

事實上，若第 i 隊在第 k 天有兩場比賽，則按照安排規則，應有

$i + j \equiv k \pmod{n-1}$，

$i + l \equiv k \pmod{n-1}$，

則 $|j - l| \equiv 0 \pmod{n-1}$．

但因 $1 \leq j \leq n-1$，$1 \leq l \leq n-1$，若 $j \neq l$，上式不可能成立。故任何一隊每天最多只有一場比賽。

例題 18　相識未識知多少

證明　在任何由 12 個人組成的人群中，都可以找出兩個人來，使得在其餘 10 個人中都至少有 5 個人，他們中的每個人或者都認識開頭的兩個人，或者都不認識開頭的兩個人。

解　在 12 人中任取 2 人，用 A、B 表示。其餘的人可以用「四象」分成 4 類：

☰ —— 表示與 A、B 都認識；

☳ —— 表示與 A 認識，但與 B 不認識；

☶ —— 表示與 A 不認識，但與 B 認識；

☷ —— 表示與 A 和 B 都不認識。

若「☰」與「☷」不少於 5 個，則命題的結論已經成立。因此可假定「☰」與「☷」不多於 4 個。這樣，☳ 與 ☶ 就不少於 6 個。從而，對於每一對 $\{A, B\}$，3 人組 $\{A, ☳, B\}$ 和 $\{A, ☶, B\}$ 不少於 6 對。因為 12 人中，兩人對共有 $C_{12}^2 = \dfrac{12 \times 11}{2} = 66$ 對，所以，相應的 3 人組 $\{A, ☳, B\}$ 或 $\{A, ☶, B\}$ 不少於 $66 \times 6 = 396$ 對。

但另一方面，在 12 人中固定一個人 C，假定他認識其

餘 11 人中的 n 個人，則與 C 不認識的人有（$11 - n$）個。將 n 個與 C 認識的人與（$11 - n$）個不認識的人各取一人配對，可配成 $n(11 - n) \leq 5 \times 6 = 30$ 對。所以形如{A，▆▆，B}或{A，▆▆，B}的 3 人組又不多於 $30 \times 12 = 360$ 對。

這兩個矛盾的結果證明了，必有一對{A，B}，使「▆▆」與「▆▆」不多於 5 個，那麼，「▆▆」與「▆▆」就不會少於 5 個。這就得到了要證的結論。

第四章
用易卦思想解數學奧林匹克
試題 100 例

　　在這一章中，我們挑選了近半個世紀以來各國數學奧林匹克的正式試題 100 例，用易卦的思想方法給出詳細的、也是嚴格的解答。

　　在這 100 道題中，計有：中國 7 道（1～7 題）、前蘇聯 24 道（8～31 題）、俄羅斯 14 道（32～45 題）、烏克蘭 1 道（46 題）、匈牙利 7 道（47～53 題）、羅馬尼亞 4 道（54～57 題）、保加利亞 2 道（58～59 題）、波蘭 3 道（60～62 題）、捷克 2 道（63～64 題）、南斯拉夫 7 道（65～71 題）、美國 6 道（72～77 題）、加拿大 7 道（78～84 題）、英國 2 道（85～86 題）、日本 2 道（87～88 題）、國際（IMO）5 道（89～92 及第 100 題），另外尚有未查明其原始出處的試題 7 道（93～99 題）。

　　這 100 道試題基本上概括了近年來國內外數學奧林匹克試題中可用易卦思想方法解決的各種類型的問題，從中我們可以看到用易卦解數學題的特殊思路。

一、中國數學奧林匹克試題選解

早在 1955 年，在我國老一輩數學家華羅庚、蘇步青、江澤涵、柯召、吳大任、李國平、傅種孫等人的倡導下，就在我國北京、天津、上海、武漢等四城市舉辦了數學競賽，待取得經驗後在全國推廣。除了 1959 年、1960 年兩年因國內嚴重經濟困難而中斷外，一直持續發展到 1964 年，後因「文革」中斷 13 年。1978 年重新恢復了這一活動，當年北京、陝西等八省市舉行了聯合數學競賽。1981 年產生了「民辦公助」的全國數學聯賽，一直持續到今，已舉辦了 22 屆。

1985 年，我國首次派出兩名觀察員及兩名學生參加了在赫爾辛基舉行的第 26 屆國際數學奧林匹克（IMO），1986年正式組隊參加在波蘭華沙舉行的第 27 屆 IMO。1990年在北京舉辦了第 31 屆 IMO。從此，中國成了國際數學奧林匹克中一支舉足輕重的勁旅，在歷次競賽中都取得了優異的成績。

我國數學奧林匹克的命題水平，原來與俄羅斯、美國等國家有較大差距，但是經過近 20 年的努力，已經有了長足的進步，也開始躍居世界的前列。

1. 某次體育比賽，每兩名選手都進行一場比賽，每場比賽一定決出勝負。透過比賽確定優秀選手。選手 A 被稱

為優秀選手的條件是：對於任何其它選手 B，或 A 勝 B；或存在選手 C，使得 C 勝 B，A 勝 C。

如果按上述規則確定的優秀選手只有一名，求證：這名選手勝所有其它的選手。（1987 年中國第二屆數學奧林匹克試題）

證 首先證明必有優秀選手存在。

設所有選手中 A 是獲勝場次最多的，若一共有 n 名選手參賽，首先畫一個陽爻表示 A，把被 A 戰勝的選手也用陽爻表示置於這個陽爻之下，就得到一個全陽卦（圖 4-1）。

若這個卦已是 n 爻卦，則意味著 A 戰勝所有選手，故 A 即為優秀選手。

如果有 B 戰勝 A，若所有被 A 戰勝的選手也都被 B 戰勝，那麼，對 B 造出的全陽卦將比 A 的卦多一個陽爻（圖 4-2）。與 A 獲勝的場數最多矛盾，故必有被 A 戰勝的某選手，使得 C 勝 B，所以，A 仍是優秀選手。這就證明了優秀選手總是存在的。

現在再證明如果優秀選手 A 是惟一的，他必定戰勝了

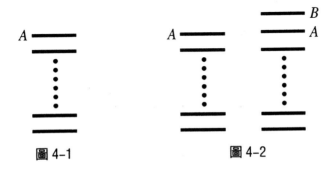

圖 4-1　　　　　圖 4-2

其他全部選手。如果 A 沒有戰勝全部其他選手，那麼在一切戰勝 A 的選手所成的集合 M 中，根據同樣的證明，也必有優秀選手 B（對集合 M 而言的，不是對全體選手而言的）。但由於 B 勝 A，A 勝 M 以外的其它選手，所以 B 也是對全體選手而言的優秀選手，與 A 是惟一優秀選手矛盾。這個矛盾證明了 A 必定戰勝了所有其他選手。

2. 組裝甲、乙、丙三種產品，要用 A、B、C 三種零件，每件甲產品需用 A、B 各 2 個；每件乙產品需用 B、C 各一個；每件丙產品需用 2 個 A 和一個 C。用庫存的 A、B、C 三種零件，如組成 p 件甲產品，q 件乙產品和 r 件丙產品，則剩下 2 個 A 零件和 1 個 B 零件，但 C 零件恰好用完。試證：無論如何改變產品甲、乙、丙的件數，也不能把庫存的 A、B、C 三種零件都恰好用完。（1987 年中國第一屆數學聯賽試題）

證 如圖 4-3，我們用 1 個陽爻表示零件 A，2 個陽爻表示 B，4 個陽爻表示 C。

把每一件產品看成是由組成它所用的零件重疊起來的，則每件產品都可以用一個乾卦 ☰ 表示：

所以，不管哪種產品，每件都用 6 個陽爻組成，根據

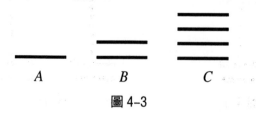

A B C

圖 4-3

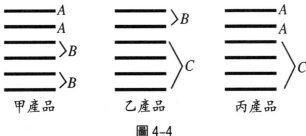

圖 4-4

題設條件剩下的零件 2 個 A 和 1 個 B，只有 4 個陽爻。因此，不管你如何改變三種產品件數的比例，總不能使剩下的 4 個陽爻變成有 6 個陽爻的乾卦。這就證明了本題所要的結論。

　　註：根據當年公布的標準答案，本題用列不定方程的方法求解，其解法如下：

　　用反證法。設甲、乙、丙三種產品各組裝 x, y, z 件時可將全部零件用完，則依題意有：

A 零件：$2p + 2r + 2 = 2x + 2z$

B 零件：$2p + q + 1 = 2x + y$

C 零件：$q + r = y + z$

把三個方程聯立起來組成方程組：

$$\begin{cases} A\ 零件：2p + 2r + 2 = 2x + 2z & (1) \\ B\ 零件：2p + q + 1 = 2x + y & (2) \\ C\ 零件：q + r = y + z & (3) \end{cases}$$

由（1）減去（3）×2，得

$$2p - 2q + 2 = 2x - 2y$$

即　$p - q + 1 = x - y$　　　　　　　　（4）

由（2）+（4）得

$$3p + 2 = 3x \qquad\qquad\qquad (5)$$

（5）式右邊是 3 的倍數，左邊不是 3 的倍數，所以（5）式不能成立。即不存在 x, y, z，使甲、乙、丙三種產品分別為 x, y, z 件，把庫存零件恰好全部用完。

3. 甲、乙兩隊舉行圍棋擂臺賽，比賽規則規定雙方各派 7 名棋手，依次上場比賽。開始由雙方第一名比賽，勝者再挑戰對方第二名，如再勝，則繼續挑戰對方第三名，如此繼續。若在某一輪挑戰失敗，則由對方勝者挑戰本方第二名，等等。直至一方將另一方 7 名選手全部戰勝為止，這一方便取得勝利，形成一種比賽過程。求所有可能出現的比賽過程的種數。（1988 年中國數學聯賽試題）

解　對每一個過程都可以造一個 13 爻的卦。若甲隊在第 i 局（$i = 1, 2, \cdots\cdots 13$）戰勝了乙隊，就在卦中的第 i 爻用陽爻；若負於乙隊，就在第 i 爻用陰爻。若甲隊已勝 7 局之後剩下的爻位也都用陰爻。若甲隊戰勝了乙隊，對應的卦就恰好有 7 個陽爻。這樣的卦共有

$$C_{13}^{7} = C_{13}^{6} = \frac{13 \times 12 \times 11 \times 10 \times 9 \times 8}{6 \times 5 \times 4 \times 3 \times 2 \times 1} = 1716 \text{（個）}$$

對甲隊的每個卦取其「旁通卦」，即將陽爻變為陰爻，陰爻變為陽爻所得新卦，就得到乙隊戰勝甲隊的一個卦，也有 1716 種。

故比賽的不同進程有 1716 × 2 = 3432 種形式。

註：在本題的解答中我們認為下列事實是已知的：

（1）所有的 n 爻卦共有 2^n 個；

（2）n 爻卦中恰有 m 個陽爻的卦共有 C_n^m 個。我們今後把它們當作兩個定理使用。

4. 集合 A、B 的並集 $A \cup B = \{a_1, a_2, a_3\}$，當 $A \neq B$ 時 (A, B) 與 (B, A) 視為不同的對，這樣的 (A, B) 對共有多少個？（1993 年中國數學聯賽試題）

解法一 A 與 B 的並集一共只有 3 個元素 a_1, a_2, a_3。我們用「四象」來表述各種可能的情況：

a_i： ⚌ —— 表示 a_i 既屬於 A，也屬於 B；

⚏ —— 表示 a_i 屬於 A，但不屬於 B；

⚍ —— 表示 a_i 不屬於 A，但屬於 B；

⚏ —— 表示 a_i 既不屬於 A，也不屬於 B。

但這種情況在本題中不出現。

因為對每一個 a_i（$i=1, 2, 3$）都有 3 種可能的情況，共有 $3 \times 3 \times 3 = 27$ 種可能的情況，每一種情況都決定一個 (A, B) 對，故有 27 種不同的對。

解法二 考慮一個三爻卦，若 $a_1 \in A$，則卦的第一爻取陽爻，a_2 不屬於 A，則卦的第二爻取陰爻，餘可類推。這樣每一個三爻卦就對應一種可能的 A 集：

A：☰，☷，☶，☵，☴，☳，☲，☱。

同樣地，B 也有八卦表示：

B：☰，☷，☶，☵，☴，☳，☲，☱。

(A, B) 的對子必須保證兩卦中在每一個爻位上至少有一個是陽爻。所以，可逐一配對如下：

$A:$〓，$B:$〓，〓，〓，〓，〓，〓，〓，
〓（8 對）；

$A:$〓，$B:$〓（1 對）；

$A:$〓，$B:$〓，〓（2 對）；

$A:$〓，$B:$〓，〓（2 對）；

$A:$〓，$B:$〓，〓（2 對）；

$A:$〓，$B:$〓，〓，〓（4 對）；

$A:$〓，$B:$〓，〓，〓（4 對）；

$A:$〓，$B:$〓，〓，〓，〓（4 對）.

因此，(A,B) 的對子共有

$8+1+2\times3+4\times3=27$（對）

註：本題原題為填空題，當年競賽組織委員會提供的參考答案的思路，就是根據解法二的思想給出的：按 A、B 中所含元素的不同情況，分 A 為空集、一元集、二元集、三元集，再討論 B 中所含元素的分布情形，分別計算，比較複雜。不如解法一簡單，也不如解法二直觀。

5. 馬路上有 6 個車站，今有一輛汽車從第一站駛向第六站。沿途各站都可以自由上下乘客。但此輛汽車在任何時候至多能載乘客 5 人。

試證明：在此 6 站中必定有兩對不同的車站 A_1，B_1；A_2，B_2（A_1 在 B_1 之前，A_2 在 B_2 之前），使得沒有乘客在 A_1 站上車而在 B_1 站下車，也沒有乘客在 A_2 站上車而在 B_2 站下車。（1957 年北京市數學競賽試題）

證 畫一個旅客上下車的統計表：

上\下	一	二	三	四	五	六
一						
二				A		
三						
四						
五						
六						

圖 4-5

如果有旅客（至少一個）從第二站上車而在第四站下車，就在第二行第四列的小方格（圖中的 A 處）畫一個陽爻；如果沒有旅客從第二站上車而在第四站下車，就在 A 處畫一個陰爻，餘皆準此。那麼，每個小方格裡都畫上了陽爻或者陰爻。

考慮右上角用粗線框出的小正方形，它的 9 個小方格內所表示的旅客都是從前三站上車而到後三站下車的旅客。所以，當汽車行駛在第三、第四兩個車站之間時，9 個小方格內的旅客都在車上。但車上最多只能載 5 人，因此 9 個方格內最多有 5 個陽爻，因而最少有 4 個陰爻。

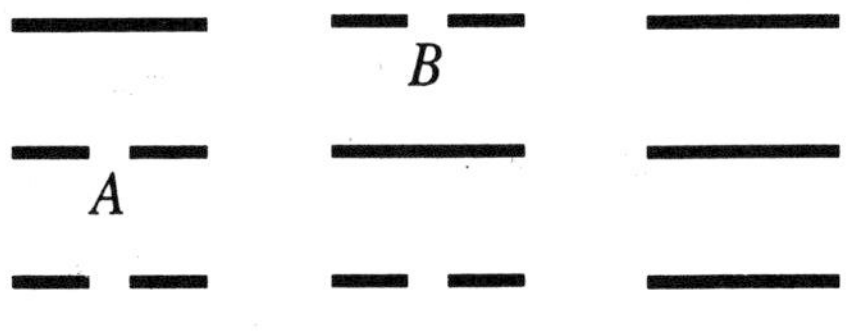

9 個方格內的爻可看成 3 個三爻卦，

圖 4-6

因為同一卦中至多只有 3 個陰爻，同一爻位上也至多有 3 個陰爻。所以，4 個陰爻必有兩個既不在同一卦中，也不在同一爻位上。例如，圖 4-6 中的 A、B 兩個陰爻就既不在同一卦中，也不在同一爻位上。這意味著，沒有旅客從第一站上到第五站下，也沒有旅客從第二站上到第四站下。這就證明了命題的結論。

6. 集合 $S = \{ (a_1, a_2, a_3, a_4, a_5) \mid$ 其中 $a_i = 0$ 或 1，$i = 1, 2, 3, 4, 5\}$。對 S 中任意兩個元素 $A = \{a_1, a_2, a_3, a_4, a_5\}$ 和 $B = \{b_1, b_2, b_3, b_4, b_5\}$，定義它們之間的距離為：

$$d(A, B) = |a_1 - b_1| + |a_2 - b_2| + |a_3 - b_3| + |a_4 - b_4| + |a_5 - b_5|$$

今取 S 的一個子集 T，使 T 中任何兩個元素的距離都大於 2。子集 T 最多能有多少個元素？證明你的結論。（1988 年上海市數學競賽試題）

解 最多能有 4 個元素。

我們用一個 5 爻卦來表示 S 中的一個元素，若 $a_i = 1$，則卦的第 i 爻取陽爻；若 $a_i = 0$，則卦的第 i 爻取陰爻（$i = 1, 2, 3, 4, 5$）。例如，S 的元素 $a = (1, 0, 1, 0, 0)$ 對應於 ䷇ 卦：

$$(1, 0, 1, 0, 0) \longrightarrow ䷇,$$

根據距離的定義，並注意到

$$|a_i - b_i| = 1，當 \begin{cases} 1，當 a_i 與 b_i 不同時， \\ 0，當 a_i 與 b_i 相同時。 \end{cases}$$

$i = 1, 2, 3, 4, 5$.

所以，$A = (a_1, a_2, a_3, a_4, a_5)$ 與 $B = (b_1, b_2, b_3, b_4, b_5)$ 之間的距離，由 a_i 與 b_i（$i = 1, 2, 3, 4, 5$）中有多少不同的數對來決定。換句話說，由 A 與 B 的對應卦中有幾個爻位上的爻性不同來決定。

根據距離 $d(A, B) > 2$，即 A、B 兩卦中至少要有 3 個爻位上的爻性不同。所以，本題實際上是問：所有 5 爻卦（$2^5 = 32$ 個）中，至少有 3 個爻位上的爻不同性的卦最多有多少個？

任取一個五爻卦 A，那麼

（1）與 A 有 3 個爻不同性的卦有 $C_5^3 = 10$ 個；

（2）與 A 有 4 個爻不同性的卦有 $C_5^4 = 5$ 個；

（3）與 A 有 5 個爻不同性的卦有 $C_5^5 = 1$ 個。

顯然，T 中除 A 以外的卦，都只能在這三類中。

若 T 中除 A 以外，還包含（3）中的那個卦，則不可能再包含別的卦了。這時 T 最多有 2 卦。

若 T 中除 A 以外，還包含（2）中的卦，最多能包含（2）中一卦。

若 T 中除 A 以外，還包含（1）中的卦，最多能包含（1）中 2 卦。

由此可知，T 中最多可以有 4 卦：即 A 本身，（1）類中 2 卦，（2）類中 1 卦。

剩下的問題是：T 是否的確能包含 4 卦，回答是肯定的。例如，圖 4-7 中的 4 卦：

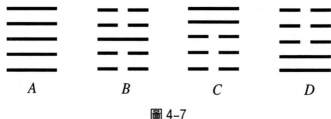

$$A \qquad B \qquad C \qquad D$$

圖 4-7

顯然，A、B、C、D 4 卦中每兩卦都至少有 3 個爻位上的爻性不同。

現在提出一個問題：如果 T 中的卦不是五爻卦而是六爻卦，T 中最多能包含多少個至少有 3 爻不同的卦。經過類似的分析，可知這時 T 中最多能有 8 卦。也容易算出，如果 T 中的卦是四爻卦，則 T 只能有 2 個至少有 3 個爻不同的卦。因為：

$$2 = 2^1 = 2^{4-3};$$
$$4 = 2^2 = 2^{5-3};$$
$$8 = 2^3 = 2^{6-3}.$$

於是，我們猜想：一般地，對於 n 爻的卦，是否 T 中包含 2^{n-3} 個卦，兩兩之間至少有 3 個爻位上的爻性彼此不同？

7. $A_0, A_1, \cdots\cdots A_n$ 為同一直線上順次的 $n + 1$ 個點。將 A_0 塗成紅色，A_n 塗成藍色，其餘的點任意地塗成紅色或藍色。如線段 $A_i A_{i+1}$（$0 \leqslant i \leqslant n - 1$）的兩端顏色不同，稱它為標準線段。證明：標准線段的條數為奇數。（1979 年安徽省高中數學聯賽試題）

解 如圖 4-8 所示,在紅色點(用小圓圈表示)的下面放一個陽爻,在藍色點(用小黑點表示)下面放一個陰爻:

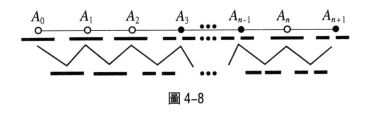

圖 4-8

把每一條線段下的兩個爻都按「同性得陽,異性得陰」的規則相乘,得到 n 個乘積,再把 n 個乘積相乘,最後得到一個陽爻或一個陰爻。

因為一個標準線段的兩端點下的爻異性,故它們的乘積為陰爻;一個非標準線段的兩端點下的爻同性,其乘積為陽爻。因此,第二次相乘後如得到陽爻,說明第一次相乘所得的 n 個積中一定有偶數個陰爻,即原來有偶數個標準線段;若第二次乘積為陰爻,則第一次相乘後的 n 個積中有奇數個陰爻,即原來有奇數個標準線段。

但是,我們看到在第一次乘法運算中,除了 A_0 和 A_n 下的爻只使用了一次之外,其餘的每個爻都使用了兩次。所以在第二次相乘時,除 A_0 和 A_n 下的爻外,每個爻都在圖式中出現兩次,它們的積為陽爻。故最後結果實際上只有 A_0 和 A_n 下的爻性在起作用。因 A_0 與 A_n 爻性不同,乘積為陰爻。這就證明了:標準線段應有奇數個。

二、蘇聯與俄羅斯數學奧林匹克試題選解

蘇聯是最早把數學競賽與奧林匹克運動聯繫在一起的國家。早在 20 世紀 30 年代就在一些城市舉行了奧林匹克數學競賽。1961 年至 1966 年舉行的第一屆至第六屆全俄數學奧林匹克已經具有全蘇的性質，因為除了俄羅斯外，蘇聯大多數加盟共和國都派隊參加了。1967 年蘇聯教育部把這一運動統一承擔起來，成立了全蘇數理化奧林匹克中央組織委員會，從這年起，正式命名為「全蘇奧林匹克數學競賽」，每年舉行一次。此外，一些加盟共和國和一些城市也舉辦數學競賽活動。

蘇聯和今天的俄羅斯都是數學奧林匹克的大國，他們的命題水準很高。有些試題的解法雖然是初等的，但涉及深刻的數學背景。所以，在這裡我們選了較多的蘇聯與俄羅斯的試題。

8.（1）如圖 4-9，在一個 4×4 的正方形表格的格子中放著符號「＋」、「－」，可以同時改變一行中、一列中或平行於對角線的直線中所有格子內的符號。（特別的，可改變正方形的四角上格子的符號）

＋	－	＋	＋
＋	＋	＋	＋
＋	＋	＋	＋
＋	＋	＋	＋

圖 4-9

證明：無論改變多少次符號，表

格中的符號不可能全變成 + 號。

（2）如果在 8×8 的棋盤中一個非四角的格子內放「−」號，而在其餘的格子內放「＋」號。可以同時改變某一行、某一列、或平行於對角線的直線中所有格子的符號（特別的，可改變正方形四角上格子內的符號）。

證明：無論怎樣改變符號，總不能得到全是正號的棋盤。（全蘇第二屆〈1968 年〉數學奧林匹克試題）

證 （1）容易看到，如圖 4-10，在 4×4 正方形中置有陽爻的方格，無論是橫行、直列或與對角線平行的每一直線都穿過有偶數個陽爻「−」的方格，如果把負號填在這些格子內，則每一次變號之後，負號個數的奇偶性不改變，故無論經過多少次變號，都不能使表格中的符號全為正號。

（2）由於負號不放在四角，故可從 8×8 的正方形內劃出一個 4×4 的小正方形，使原正方形中惟一的負號處於圖 4-10 中陽爻方格的位置上，就歸結為（1），對（1）的討論和結論都同樣地成立。

9. 某國建立了這樣的航空網：任何一個城市至多與其它 3 個城市有航線，同時從一個城市到達其它任何一個城市至多只需換乘一次。

問：這個國家最多有多少個城市？（1969 年全蘇第三屆數學奧林匹克試題）

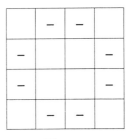

圖 4-10

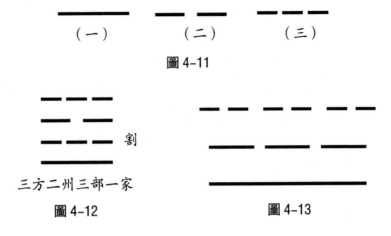

（一）　　　　（二）　　　　（三）

圖 4-11

割

三方二州三部一家

圖 4-12　　　　　　　　　　圖 4-13

解　漢朝的文學家揚雄（前 53～18）曾經模仿《周易》作《太玄經》，《太玄經》中有 81 個類似於「易卦」的「太玄圖」。「太玄圖」由 3 種不同的爻構成（圖 4-11），分別名為「一」、「二」、「三」。

「太玄圖」有 4 級爻位，最上一級稱為「方」，第二級稱為「州」、第三級稱為「部」，第四級稱為「家」。例如，圖 4-12 中那個名字為「割」的「太玄圖」，就稱為「三方二州三部一家」。

我們借助太玄圖來解此題。

如圖 4-13，任取一城市用「－」表示太玄圖的最下一級。這個城市至多與 3 個城市通航，在其上放一個「三」。第二級的 3 個城市，每個最多還能與另外兩個城市通航，第三級最多可以畫 3 個「二」。根據題設條件，已經不能再畫第四級，因為從第四級所能直達的城市全在第三級，或第三級以上的各級，不可能直達第一級或第二

級，因第一級與第二級都已有 3 條航線。因此從第四級城市到第一級必須先後在第三級、第二級換乘，但依題意，從任何一個城市到另一個城市最多只換乘一次，與題設矛盾。圖 4-13 中共有 10 個線段，故這個國家最多有 10 個城市。

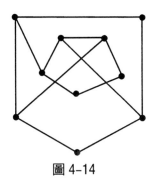

圖 4-14

根據圖 4-14，可構造出 10 個城市的符合所述要求的航空網。這個圖稱為「彼得森圖」。

10. 給定 0 和 1 的有限數列，它具有性質：

（1）如果在數列的某處連續抽取 5 個數字，並且在另外任何一處也連續抽出 5 個數字，那麼，這兩個 5 個數字的序列將不相同（它們可以部分重疊地連接在一起，例如 0110101）。

（2）如果把數字 0 或 1 添加到數列的右邊，那麼性質（1）不再成立。

證明：這個數列的前 4 個數字與後 4 個數字相同。（1969 年全蘇第三屆數學奧林匹克試題）

證 分別用陽爻和陰爻表示 1 和 0，就得到一個卦 A，設此卦的最上 4 個爻是 a，b，c，d（圖 4-15）。

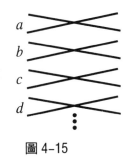

圖 4-15

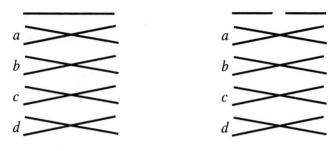

圖 4-16

則 A 中一定還包含圖 4-16 的
兩種 5 爻卦：

否則，就可以把一個陽爻或一
個陰爻加到 A 卦的上方，而使得條
件（2）不成立。因此在 A 卦中，
至少有 3 處出現 4 爻卦 B（圖 4-17）。

B：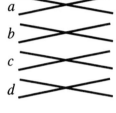

圖 4-17

在 B 的下面，陽爻或陰爻最多只
能各出現 1 次，即圖 4-18 中的兩個卦最多各有 1 個。不然
的話，如果某種 5 爻卦出現 2 次，則這兩個 5 爻卦就完全
相同，與條件（1）矛盾。

所以，一定有一個 4 爻卦 B 下面不再有任何一個爻，

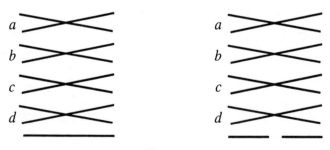

圖 4-18

即這個 B 是最下面的 4 個爻,即數列的最後 4 項。因此,這個數列的前 4 項和最後 4 項是相同的。

11. N 個人彼此之間原來不認識,現在要介紹其中的某些人互相認識,使得任何三人中都沒有相同數量的熟人。

證明:對於任意的 N,都能做到這一點。(1973 年全蘇第 7 屆數學奧林匹克試題)

證 造一個由 N 個 N 爻的卦做成的矩陣。造卦的方法如下:

把 N 個人按 $1, 2, \dots N$ 的次序編號。第 i 卦的第 j 爻是陽爻,如果介紹了 i 與 j 互相認識。如果不介紹 i 與 j 互相認識,則 i 卦的第 j 爻用陰爻(i 與 i 之間也用陰爻)。

現在要證明:存在一種造卦方法,使得沒有任何 3 個卦有相同個數的陽爻。

這是很容易辦到的:我們規定當且僅當 $i \neq j$, $|i-j| \leq \frac{N}{2}$ 時,第 i 卦的 j 爻用陽爻,否則用陰爻,例如,若取 $N = 6$,則造出的 6 個卦如圖 4-19 所示。

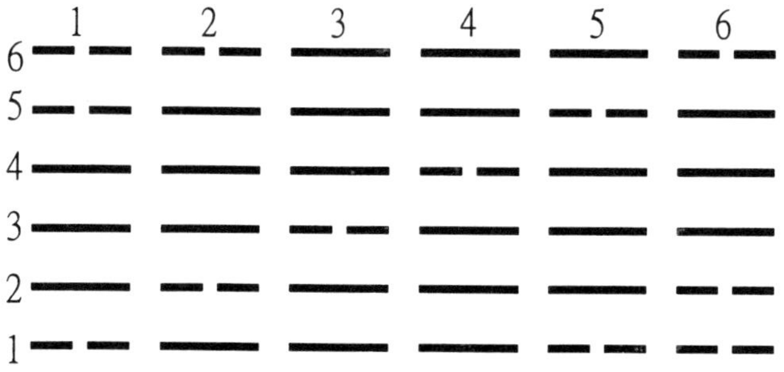

圖 4-19

其中只有①與⑥兩個三陽卦，②與⑤兩個四陽卦，③與④兩個五陽卦，沒有任何 3 個卦有相同個數的陽爻。它們兩兩互為復卦。

事實上，因 $|(N+1-j)-(N+1-i)| = |i-j|$，所以第 i 卦的第 j 爻與第 $(N+1-i)$ 卦的第 $(N+1-j)$ 爻有相同的爻性，即第 i 卦與第 $N+1-i$ 卦互為復卦，但每一個卦都只有一個復卦，所以不可能有 3 個卦有相同個數的陽爻。

12. 在法庭上作為物證出示了 14 枚硬幣。鑒定人發現，第 1 至第 7 枚硬幣是假的，第 8 至第 14 枚的硬幣是真的。法庭僅知道，偽幣的重量都相同，真幣的重量也都相同。但偽幣的重量比真幣輕。鑒定人使用的是沒有砝碼的天平。證明：鑒定人可以利用 3 次稱量向法庭證明：第 1 枚至第 7 枚是偽幣，第 8 枚至第 14 枚是真幣。（1973 年全蘇第七屆數學奧林匹克試題）

證 分別畫一個 7 爻的乾卦和 7 爻的坤卦（圖 4-20）：

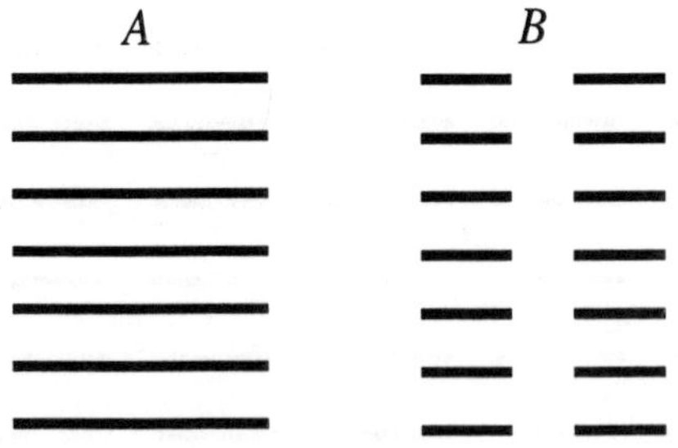

A　　　　B

圖 4-20

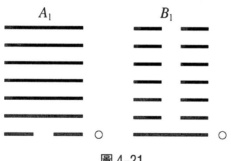

圖 4-21

每一個陽爻代表一個真幣，一個陰爻代表一個偽幣。

鑑定人第一次可取 A、B 兩卦最下一爻在天平上稱一次，判斷 A 中最下一爻為真幣，B 中最下一爻為假幣。將 A、B 的最下兩爻交換（圖 4-21）

爻旁加「。」表示已知其真偽。

鑑定人第二次分別取 A_1、B_1 下部的三個爻稱一次，當左邊較重時就證明左邊的兩個陽爻為真幣。否則因左邊已有一偽幣，右邊已有一真幣，若左邊兩陽爻不都是真幣就決不能比右邊重；同樣地，若右邊兩陰爻不都是偽幣，就不能比左邊輕。

再交換 A_1、B_1 的第二、第三兩爻（圖 4-22）：

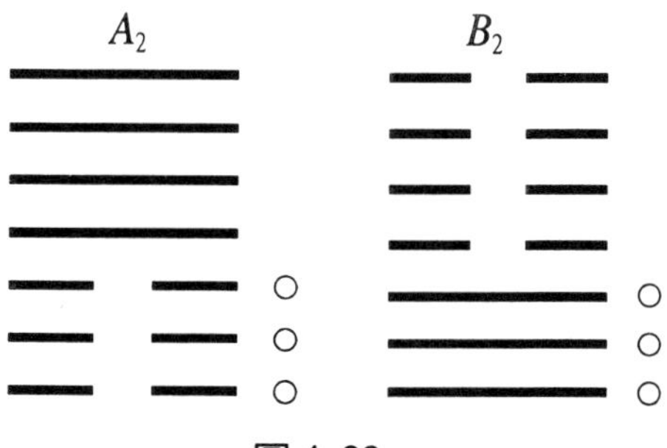

鑑定人第三次可將 A_2 和 B_2 放在天平上再稱一次。左邊比右邊重，因

圖 4-22

左邊已有 3 個偽幣，右邊已有 3 個真幣，若 A_2 中 4 個陽爻不全是真幣，B_2 中 4 個陰爻不全是偽幣，左邊決不可能比右邊重。至此，7 個真幣和 7 個偽幣全部判明。

這個方法可推廣至一般情況：

稱第 1 次可鑒別出 2^1 個（真偽各一半）；

稱第 2 次可鑒別出 2^2 個（真偽各一半）；

稱第 3 次可鑒別出 2^3 個（真偽各一半）；

……

稱第 n 次可鑒別出 2^n 個（真偽各一半），

因而可鑒別的總數為 $2^1 + 2^2 + 2^3 + \cdots + 2^n = 2^{n+1} - 2$（真假各 $2^n - 1$ 個），取 $n = 3$，得 $2^4 - 2 = 14$.

13. 給定若干個紅點和若干個藍點，其中某些點由線段所連接。稱一個點為奇點，如果與它相連的點中有多於一半的點與它顏色相異。奇點可以重新著色，在每一步中選取任意一個奇點並把它改成另一種顏色。

證明：經過若干步重新著色之後，不再有任何奇點。

（1974 年全蘇第八屆數學奧林匹克試題）

證：我們把一個卦（不論它是幾爻的卦）稱為「好卦」，如果在這個卦中陽爻的個數不少於陰爻的個數。反之，若陽爻的個數少於陰爻的個數，則稱為「差卦」。

現在給每一點對應一個卦：若與這點相連的點有 n 個，就是一個 n 爻卦，異色的點與之相連就用一個陰爻，同色的點與之相連就用一個陽爻。顯然，在這種對應之下，每一個奇點都對應一個「差卦」。例如（圖 4-23）表

示有 6 點與 A 有連線，其中 4 點與 A 異色，2 點與 A 同色。故 A 點對應一個差卦，但將 A 改色後，則對應的卦陽爻變為陰爻，陰爻變為陽爻（圖 4–24）。於是陽爻多於陰爻，差卦變為好卦。

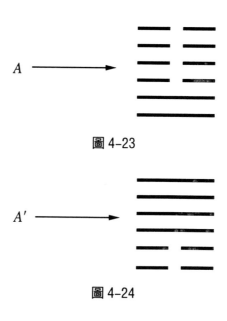

圖 4–23

圖 4–24

顯然，每一次改變顏色，至少要減少一個陰爻。假定一開始所有的點對應的卦（包括好卦和差卦）中，一共有 k（k 為有限數）個陰爻，每改變一次點的顏色，就至少減少一個陰爻，最多進行 k 次，在所有的卦中都沒有陰爻了，自然都成為好卦。換言之，不再有對應於差卦的奇點了。

14. 在每張卡片上各寫上 1 或者 –1，把 50 張卡片固定排在一個圓周上，可以任指 3 張卡片提問：「這 3 張卡片上的數的乘積等於多少？」（但不告訴卡片上寫的是什麼數）問最少要提多少個問題才能知道所有卡片上的數的乘積？（1974 年全蘇第八屆數學奧林匹克試題）

解 最少要提 50 個問題。

用陽爻表示 1，陰爻表示 –1，按「同性得陽，異性得

陰」的乘法法則，和 1 與 −1 的乘法完全一樣。將 50 張卡
片在圓周上的次序依次編號為①②③……㊿，把每相連的
3 張組成一個卦。如（圖 4-25）：

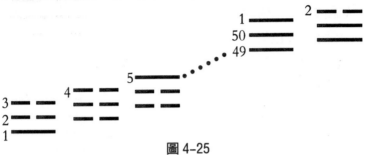

圖 4-25

　　提問一次知一卦中 3 個爻的乘積（稱它為卦的積），
那麼 50 個卦的積就恰好是 150 個爻（每個爻都出現 3 次）
的積。易知，任何一個爻自乘 3 次就等於它本身。所以 50
個卦的積也就是 50 個爻的積。即提問 50 次一定能知道 50
張卡片上的數的積。

　　但是，只提 49 問是不行的。例如，如果我們不提①②
③的積是什麼，那麼，就可以這樣來設計兩套不同的卡
片，使後 49 卦的積都是陽爻，例如：

　　若把第一套卡片設計為圖 4-26。

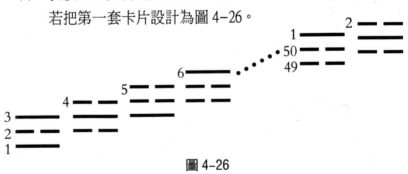

圖 4-26

即①和其餘 3 的倍數的③，⑥，⑨，……㉘均為陽爻，其餘的均為陰爻。除第一卦外，其餘 49 卦都是一陽二陰，卦積為陽爻。第一卦卦積為陰爻，所以 50 個爻的積為陰爻。

第二套卡片可設計 50 個爻都是陽爻（圖 4-27）：

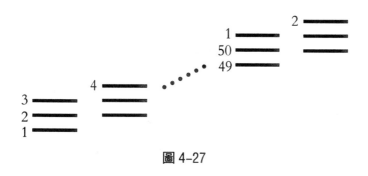

圖 4-27

50 個卦積都是陽爻，所以 50 個爻的積也是陽爻。

當我們只提問 49 次，知道了第 2 至第 50 卦的卦積都是陽爻，仍無法判斷第 1 卦的卦積是陽爻還是陰爻，因為兩種情況都有可能出現，因而無法判斷 50 卦的乘積是什麼，即不能判斷 50 個爻的積是什麼。

15. 證明：用數字 1 和 2 可以組成 2^{n+1} 個數，每一個數都是 2^n 位，而且每兩個數至少在 2^{n-1} 個數位上不相同。
（1975 年全蘇第九屆數學奧林匹克試題）

證 我們用陽爻表示 1，陰爻表示 2，那麼就可將一個 n 位的數表示成一個 n 爻的卦。並且用 a' 表示 a 卦的變卦，即將卦 a 的陽爻變成陰爻，陰爻變成陽爻所得的卦。

現在用數學歸納法來證明本命題。

當 $n = 1$，「四象」（圖 4-28）即滿足條件：

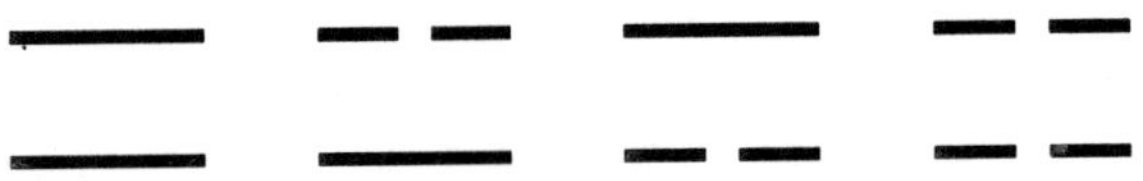

圖 4-28

假定我們可以構造出 2^{n+1} 個有 2^n 個爻的卦，並且這些卦中，任何兩卦都至少有 2^{n-1} 個爻的爻性相反。記這些卦的集合為 A_n．

在 A_n 中任意取一個卦 a，將 a 的陽爻變為陰爻，陰爻變為陽爻，則得到 a 的變卦 a'．將 a 與 a 相重，a 與 a' 相重，就得到兩個 2^{n+1} 爻的卦。對 A_n 中每一個卦都進行類似的變卦和重卦，就得到由 $2 \times 2^{n+1}$ 個 2^{n+1} 爻卦組成的集合，記這個集合為 A_{n+1}．

下面證明：A_{n+1} 中任何兩卦都至少有 2^n 個爻位上的爻性不同。因為 A_{n+1} 中任何兩卦，根據其相重的情況，可能有 4 種不同的情況：

（1）a 與 a 重，a 與 a' 重；

（2）a 與 a 重，b 與 b 重；

（3）a 與 a 重，b 與 b' 重；

（4）a 與 a' 重，b 與 b' 重。

對於情況（1），因 a 與 a' 的 2^n 個爻都不相同，所以兩組重卦有 2^n 個爻位上爻性不同。

對於情況（2），a 與 b 是 A_n 中不同的卦，它們至少

有 2^{n-1} 個爻不同，因此，上下卦中至少有 $2 \times 2^{n-1} = 2^n$ 個爻位上爻性不同。

對於情況（3），假定 a 與 b 有 k（$k \geq 2^{n-1}$）個爻不同，k' 個爻相同（$k + k' = 2^n$），因為 b' 與 b 爻性全部相反，因此 b' 與 a 有 k 個爻相同，k' 個爻不同。所以兩重卦中恰有 $k + k' = 2^n$ 個不同的爻。

對於情況（4），因為 a 與 b 至少有 2^{n-1} 個爻不同，a 與 a' 的爻性完全相反，b 與 b' 的爻性完全相反，否定之否定，所以 a' 與 b' 也恰好至少有 2^{n-1} 個爻不同，所以兩組重卦中至少有 $2 \times 2^{n-1} = 2^n$ 個爻不相同。

綜上所述及歸納原理，命題得證。

16. 在黑板上寫著若干個 0、1、2。可以擦去其中兩個不相等的數字，並代之以與擦去的數字不相同的數字（例如，擦去 0 與 1 換一個 2，擦去 1 與 2 換一個 0，擦去 2 與 0 換一個 1）。

證明：如果經過若干步這樣的運算後在黑板上還有一個數，那麼，這個數與擦去數字的先後次序無關。（1975 年蘇聯第九屆數學奧林匹克試題）

解 不妨礙一般性，用「四象」中的 ⚎，⚏，⚍ 分別代表 3 個數，並設最後剩下的那個數為 ⚎。

根據「同性得陽，異性得陰」的乘法法則，擦去兩個數而換上第三個數的一次操作相當於一次乘法。三種乘法是：

⚎ × ⚍ = ⚏ （這種操作減少兩個陰爻）；

⚍ × ⚎ = ⚏ （這種操作減少兩個陰爻）；

$$⚍ \times ⚏ = ⚎$$ （這種操作減少兩個陽爻）；

不難看到，每次乘法或者減少兩個陽爻，或者減少兩個陰爻。最後剩下一個「⚎」，所以陽爻必定是偶數個。由於⚍、⚏兩種象的陽爻合起來是偶數個，所以⚍與⚏的個數奇偶性相同。

另一方面，每一次乘法各種象或者增加一個，或者減少一個，奇偶性都要改變一次。最後⚍與⚏的個數都為 0，而⚎的個數變為 1。所以開始時，設有 p 個⚎，q 個⚍，r 個⚏，則 q 與 r 或同為奇數，或同為偶數，而 p 則與 q 和 r 的奇偶性相反。由此可知，最後剩下是哪個數是由 p、q、r 的奇偶性決定的，與操作的次序無關。

因此，若所寫的三個數的個數 p、q、r 開始同為奇數或同為偶數，則不能透過操作使得最後恰剩下一個數。若開始時，p 與 r、q 的奇偶性不同，則可由操作使最後剩下一個數⚎（即原來有 p 個的那個數）。具體操作可用下法：

每次取兩個個數較多的象相乘，則較多個數的兩種象減少 1 個，而個數較少的象增加 1 個，最多的和最少的個數差距減少 2。由於 p、q、r 都是有限數，經過若干次相乘後，個數最多的和個數最小的相差為 1。不妨設這時

$$⚎ \longrightarrow m+1,\ ⚍ \longrightarrow m,\ ⚏ \longrightarrow m$$

若 $m \geq 1$，則作 3 次乘法：

$$⚎ \times ⚍ = ⚏\quad ⚎ \times ⚏ = ⚍\quad ⚏ \times ⚍ = ⚎$$

這樣⚎，⚍，⚏分別減少一個：

$$⚎ \longrightarrow (m-1)+1,\ ⚍ \longrightarrow m-1,\ ⚏ \longrightarrow m-1$$

若 $m-1$ 仍 $\neq 0$，則繼續上述過程最後必然出現

⚏ ⟶ 1 個， ⚎ ⟶ 0 個， ⚍ ⟶ 0 個。

17. 在 7×7 個格子的正方形中要標出 k 個格子的中心，使任意標出的 4 個點中，都不是一個邊平行於正方形邊的矩形的頂點。當 k 最大取何值時能做到這一點？（1975 年全蘇第九屆數學奧林匹克試題）

解 把 7×7 個格子的正方形的行和列依次稱為 $1, 2, 3, 4, 5, 6, 7$ 行和 $1, 2, 3, 4, 5, 6, 7$ 列，則行與列均可用除坤卦 ☷ 以外的 7 個三爻卦來編號：

☶，☵，☴，☳，☲，☱，☰。

於是位於第 i 行第 j 列的格子就可用一對三爻卦來編號，例如，位於第 1 行第 2 列的格子可表示為：

（☶，☵）

如果這一對卦中，有偶數個爻位同為陽爻，則稱為「好對」。（☷，☵）有 0 個爻位同為陽爻，故為「好對」）。不難證明：

對於任何一個卦，都恰好有 3 個卦與之配成「好對」。

實際上，若卦 A 只有 1 個陽爻，則與 A 的陽爻位相同的爻位上取陰爻後，另兩爻可以取兩陰，一陰一陽，一陽一陰。如：

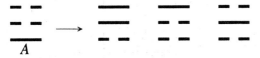

若卦 A 有 2 個陽爻，則可在兩個陽爻位上同取陽爻，

第 3 爻任意，或兩個陽爻位上同取陰爻，第 3 爻位上取陽爻，也恰有 3 卦。如：

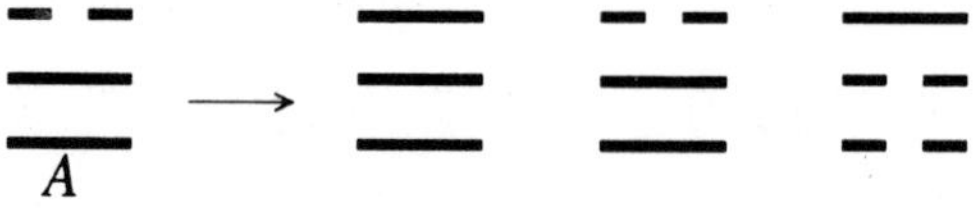

若卦 A 有 3 個陽爻，則可在兩個陽爻位上取陽爻，第 3 爻位上取陰爻，由於取陰爻的爻位可以選擇 3 個爻位中任一個，也恰好有 3 卦。如：

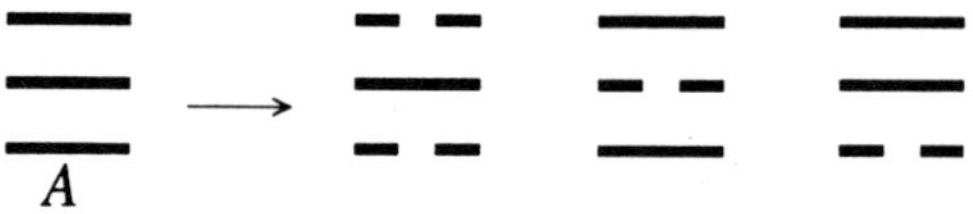

現將「好卦」對列表如圖 4-29：

圖 4-29 的表表明，沒有任何兩對「好卦」分布在相同的兩行兩列中，從而，把 21 對「好卦」所對應的方格中心標出，則這標出的 21 點不能構成一個矩形的頂點，使矩形的邊與正方形的邊平行。

下面證明：任意標出的 22 點，必能找到 4 點，構成一個矩形的頂點，使其邊平行於原正方形的邊。

顯然，22 點分布在 7 × 7 的方格中，至少有一列有 4 個

圖 4-29

點，不妨設在第一列有 4 點，且分布在前 4 行。那麼由這 4 行組成的 4 × 7 矩形中，每一列上至多能再放一個點，總共能放 4 + 6 = 10 點。其餘 12 點完全分布在下方一個 3 × 7 的矩形之中（圖 4-30）。現在凡有點的格子畫一個陽爻，無點的格子畫一個陰爻，就得到 7 個 3 爻卦。

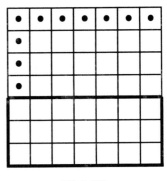

圖 4-30

如果 7 卦中有 3 陽爻卦☰，則只要再有任一 2 陽爻以上的卦，如☱，就與☰構成矩形頂點。

如果 7 卦中無 3 陽爻卦，但有 4 個 2 陽爻的卦，如☱，☲，☴，☱，兩個相同的 2 陽爻卦即構成矩形的頂點。

如果 7 卦中至多有 3 個 2 陽爻以上的卦，其餘 4 卦只有 4 個陽爻，總數不超過 10 個，與共有 12 點矛盾。

綜上可知，不能標出 22 個點使不存在題目所說的矩形，故最大數是 21。

註：為估計出所標出的符合題設要求的格點中心數的上界，在一般的證法中，通常採用下述方法：

設 x_i 為在第 i 行中點的個數，$\sum_{i=1}^{m} x_i = k$. 如果在某行中標出某兩個格子的中心，那麼就不可能在這兩個格子所在的列上再標另一行的兩個格子。在第 i 行中標出的格子

可構成 $C_{x_i}^2 = \dfrac{x_i(x_i-1)}{2}$ 組（每組兩個）。因為所有的組不能相同。所以若正方形有 $m \times m$ 個格子，則所有組的個數總和不多於 $\dfrac{m(m-1)}{2}$.

即

$$\sum_{i=1}^{m} = \frac{x_i(x_i-1)}{2} \leqslant \frac{m(m-1)}{2}$$

由此得

$$\sum_{i=1}^{m} x_i^2 \leqslant m(m-1) + \sum_{i=1}^{m} x_i \leqslant m(m-1) + k ;$$

因為 $\displaystyle\sum_{i=1}^{m} x_i^2 \geqslant \frac{(x_i + x_2 + \cdots + x_m)^2}{m} = \frac{k^2}{m}$,

從而 $\dfrac{k^2}{m} \leqslant m(m-1) + k$,

解不等式得 $k \leqslant \dfrac{m + m\sqrt{4m-3}}{2}$.

在上式中取 $m = 7$，即得 $k \leqslant 21$.

上界 21 是可以達到的。用這裡所說的方法構造出 21 點的例子比較直觀好懂。

18. 已知正方形方格紙上有 100×100 個小方格，畫出若干條自身不相交的折線，走過方格的邊且沒有公共點，這些折線嚴格地在正方形內部，兩端點從它的邊界出發。證明：除正方形頂點外還有結點（在正方形內部或邊界

上）不屬於任一條折線。（1977 年全蘇第 11 屆數學奧林匹克試題）

證 在所有結點上依次相間地放一個陽爻或一個陰爻，除 4 個頂點外，在邊界上的 4 × 100 ＝ 400 個頂點陽爻與陰爻各佔一半。如果它們都是折線的端點，那麼，每條折線的兩個端點可分為 3 種類型：

$$\boldsymbol{=\!=} \quad \boldsymbol{=} \boldsymbol{\cdot} \quad \boldsymbol{\cdot}\boldsymbol{\cdot} \quad \text{或} \quad \boldsymbol{=\!\cdot}$$

易知以 ▬▬ 和 ▪▪ 即兩個端點都是陽爻或兩個端點都是陰爻的折線數相同。由於折線上的陽爻、陰爻總是相間地出現，因此位於兩種同爻性端點的折線上的陽爻和陰爻的總數相同（以陽爻為端點的折線裡多一個陽爻，以陰爻為端點的折線上多一個陰爻），在不同爻性的端點的折線上陽爻與陰爻結點的個數相等。所以，正方形內部陽爻結點的個數與陰爻結點的個數相等。但是，在棋盤內共有 99 × 99 ＝ 奇數個結點，所以至少有一個結點不在折線上。

19. 一只棋子在 $n \times n$ 個格子的棋盤的角上，兩個人輪流把它挪到相鄰的格子中去（即挪到與這個棋子所在格子有公共邊的格子中）。棋子不能第二次走到某一格子中。無處可走的人將要輸給對方。

（1）證明：如果 n 為偶數，那麼先走的人能贏，而如果 n 為奇數，則第二個人贏。

（2）如果最初棋子不在角上的格子中，而在與它相鄰的一個格子中，那麼誰將取勝？（1978 年全蘇第 12 屆數

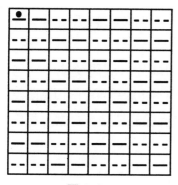

圖 4-31

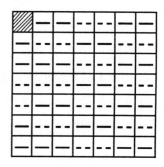

圖 4-32

學奧林匹克試題）

解 （1）如果 n 為偶數，則先走者贏；如果 n 為奇數，則後走者能贏。

如圖 4-31，當 n 為偶數時，把棋盤劃分成一些 1×2 的區域（多米諾骨牌），分別兩兩放上陽爻或陰爻。當棋子在角上時，

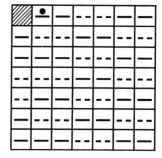

圖 4-33

先走者可將棋子移至與棋子所在區域的另一格（封閉多米諾骨牌）。則先走者甲必勝。

當 n 為奇數時，可除掉棋子所在的左上角後，再把剩下的格子劃分為一些多米諾骨牌區域。（圖 4-32）當先走者把棋子移到某一區域時，後走者就處於 n 為偶數時先走的那種情況，故後走者能贏。

（2）先走的人始終能贏。

當 n 為偶數時，先走者與（1）的情況相同，故能贏。

當 n 為奇數時，同樣當把角上的格子去掉以後劃分成多米諾區域時，如圖 4-33 所示，先走者把棋子移到棋子最初所在區域的另一格中後，後走者再也無法把棋子移動到畫陰影的角上格子中去。這樣，先走者就處於（1）中 n 為奇數時後走者的境況，故必能贏。

20. 在國會裡每一個議員至多有 3 名對手。證明：國會能分成兩個院，使每一個國會議員在他所在的那個院裡至多有一個對手。（約定：如果 B 是 A 的對手，那麼 A 是 B 的對手。）（1979 全蘇第 13 屆數學奧林匹克試題）

證 先用任意的方式把議員分為兩院。（不妨稱為上、下院）對某一個議員可以對應一個卦：

如果他在他所分的那個院裡有 k（$k = 0, 1, 2, 3$）個對手，就用一個有 k 個陽爻的三爻卦來表示，例如，A 在院中有 2 個對手，則用卦 ☵ 表示。這樣，全體議員任意分成兩部分後，就得到對應的三爻卦集合，例如：

☰ ， ☷ ， ☵ ， ☳ ， ……
A　　B　　C　　D　　　　　　（1）

這些卦表明，在這一分法中，A 有 3 個對手，B 無對手，C 有 2 個對手，D 有 1 個對手……

對於卦集（1）中的有 2 個陽爻的卦，例如 C，有兩個陽爻。不妨設 C 在上院，將他重新分配到下院。由於 C 在下院最多只有 1 個對手，設為 P。調動後，下院的卦中最多增加 2 個陽爻（C 的卦 1 個，P 的卦 1 個）；但在上院中則至少減少 4 個陽爻（設 C 在上院的兩個對手為 M、

N，則減少的陽爻是：C 的卦 2 個，M、N 的卦各 1 個）。兩院的卦中陽爻總數至少減少 2 個。但開始時（1）中諸卦的陽爻數是有限的，經過若干次調整後，就不會再有 2 個或 2 個以上陽爻的卦。即每個人在院中的對手最多只有 1 個。

21. 一張無窮大格子上的某些格子塗成了紅色，其餘的塗成了藍色。同時，由 2×3 個格子組成的每一個矩形正好包含兩個紅格。問：由 9×11 個格子構成的矩形中包含有多少個紅格。（1980 年全蘇第 14 屆數學奧林匹克試題）

解 包含 33 個。

我們在紅格中放一個陽爻，藍格中放一個陰爻，那麼任何連續豎直的 3 格都構成一個 3 爻卦。如圖 4-34 所示。

現在證明，任何一個 3 爻卦都是恰有一個陽爻的卦。事實上：

（1）因為任何 2×3 矩形都只有兩個紅格，一個 1×3 矩形至多只有 2 個紅格，因此沒有 3 陽爻卦。

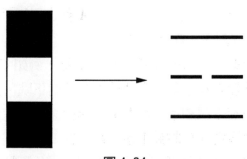

圖 4-34

（2）如果有 2 陽爻卦，根據條件，其左右兩邊的 3 爻卦就不能再有陽爻，否則相應的 2×3 矩形將有 3 個陽爻。

於是用虛線框出的 2×3 矩形中就只有 1 個陽爻，與假設矛盾。

（3）如果有 0 個陽爻的卦，則其左右兩側的卦依題設條件都應為 2 陽爻卦，如：

於是用虛線框出的 2×3 矩形有 3 個陽爻，矛盾。

這就證明了，任何 1×3 的矩形中恰有一個紅格。故 9×11 = 99 = 3×33 的矩形中有 33 個紅格。

22. 在足球錦標賽中 18 個隊彼此之間進行了 8 輪比賽，即每個隊與 8 個不同的隊進行了比賽。證明：存在 3 個隊，他們彼此之間暫時還沒有進行過比賽。（1981 年全蘇第 15 屆數學奧林匹克試題）

證 任取 18 個隊中的一隊 A，用陽爻「一」表示，依題意，對其餘的 17 個隊可以分為兩類：

第一類 8 隊，每隊都與 A 隊比賽過，也都用陽爻表

示。

第二類 9 隊，每隊都與 A 隊未比賽過，都用陰爻「--」表示。

於是在每一輪比賽中，9 個陰爻最多能兩兩配成 4 對比賽，至少有其中一隊要安排與第一類的隊比賽，如：

$$— — \quad — — \quad — — \quad — — \quad — \; — \quad B$$

$$— — \quad — — \quad — — \quad — — \quad ——— \quad D$$

其中第 5 組是陰爻與陽爻比賽，設為 B、D 兩隊，於是第二類中 B 以外的 8 個隊，至多還有 7 個隊與 B 比賽過，即至少有一隊 C 未能與 B 賽過，否則，與 B 賽過的隊將超過 9 隊，與題意矛盾。

這樣，A、B、C 3 個隊就彼此未曾賽過。

另證 從某隊 A 開始考慮。由題設，A 已與 8 隊賽過，與 9 個隊尚未比賽。考慮這 9 個隊在前 8 輪中彼此之間的比賽情況。對這 9 個球隊，構造 9 個 8 爻的卦，若第一輪某隊參與了比賽，則對應的卦第一爻用陽爻，若第二輪該隊輪空，則第二爻用陰爻，等等。

所謂參賽與輪空都只限於這 9 個隊相互之間而言。因為 9 個隊至多只能配成 4 對比賽，所以在每一個爻位上至少有一個陰爻。設 B 所對應的卦有一個陰爻，那麼 B 至多參加了 7 場比賽，即只與 9 個隊中除 B 以外的 8 隊中的 7 個隊比過賽，一定還有某隊 C，未與 B 比賽。

於是 A、B、C 三隊彼此尚未進行比賽。

注：實際上，未與 A 比賽的 9 個隊，若要每兩隊都進行比賽，共需比賽 $C_9^2 = 36$ 場。但 9 個隊每一輪只能最多

安排 4 場比賽，8 輪最多能安排 $4 \times 8 = 32$ 場比賽，尚差 4 場比賽，必然至少有兩個隊 B、C 尚未進行比賽。

23. 3 個同學相會於圖書館。同學甲說：「從今天起我將每隔一天來圖書館」。同學乙說：「我將每隔兩天來圖書館。」同學丙則宣布要每隔 3 天來圖書館。圖書管理員聽了他們的話便提醒大家，圖書館每逢星期三休息不開放。同學們回答說，如果我們碰上原定來館日期是星期三，則順延一天，以後他們的確是這樣安排的。在一個星期一，他們再度相會於圖書館。問他們上次的相會談話是星期幾？（1982 年全蘇第 16 屆數學奧林匹克試題）

解 同學們上次相會談話的時間是星期六。

我們用倒推的辦法列表推算。同學們來圖書館的那天記以陽爻「—」，不來圖書館的那天記以陰爻「--」。便得到下面的表（圖 4-35）：

星期	一	日	六	五	四	三	二	一	日	六	五	四	三
乙	—	--	—	--	—	--	—	--	—	--	—	--	?
丙	—	--	—	--	—	--	—	--	—	--	—	--	?
	—	--	--	--	—	--	--	--	—	--	--	--	--
甲	—	--	—	--	—	--	—	--	—	--	—	--	--

圖 4-35

因為星期三休息在倒數 10 天之內不會影響乙同學，故可先填寫同學乙來圖書館的情況：

再考慮丙，丙每隔 3 天來一次，可能碰上星期三。若如表中第一行所填，則沒有碰上乙的機會。丙可能受到了

星期三的影響，這時將如表中第二行所填，在上上周星期六，碰見了乙。

現在再考慮甲，看有沒有可能在上上周星期六碰上乙、丙。因甲每隔一天來一次圖書館，填表可知是有可能在上上周星期六遇到乙、丙的。

所以 3 人上次相會是上上周的星期六。

另解 乙每隔 2 天來一次，來圖書館的一天和間歇的兩天共 3 天為一個周期，可用一個 3 爻的乾卦表示：

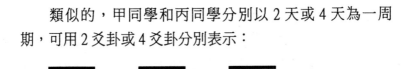

類似的，甲同學和丙同學分別以 2 天或 4 天為一周期，可用 2 爻卦或 4 爻卦分別表示：

要他們 3 個同時相遇，必須 3 人有同樣多的爻。由上可知，若乙不碰上星期三來館，甲與丙分別有一天來館時間碰上星期三而順延一天的話，則倒推 9 天，3 人恰好相遇。從星期一往前倒推 9 天，是上上週星期六。經檢驗，3 人下次相遇確在第三週的星期一。

24. 在阿巴部落裡的一種語言只有兩個字母。已知這

種語言的任何單詞都不是另一個單詞的詞頭。問：這個部落的語言詞典裡能否同時包括：3 個單詞有 4 個字母，10 個單詞有 5 個字母，30 個單詞有 6 個字母，5 個單詞有 7 個字母？（1983 年全蘇第 17 屆數學奧林匹克試題）

解 不可能。

我們把兩個字母分別當做陽爻和陰爻。則幾個字母的單詞就是幾爻的卦。

7 爻卦共有 $2^7 = 128$ 個。

7 爻卦可以由一個 4 爻卦和一個 3 爻卦重疊而成，3 爻卦有 $2^3 = 8$ 個。分別與 3 個 4 爻卦相重，而得 $3 \times 8 = 24$ 個 7 爻卦。

7 爻卦可以由一個 5 爻卦和一個 2 爻卦重疊而成，2 爻卦有 $2^2 = 4$ 個。與 10 個 5 爻卦分別相重可得 $10 \times 4 = 40$ 個 7 爻卦。

7 爻卦可由一個 6 爻卦與一個 1 爻卦重疊而成，1 爻卦有 2 個，與 30 個 6 爻卦分別相重共有 $30 \times 2 = 60$ 個 7 爻卦。

所以，可以作為單詞的 7 爻卦最多還有 $128 - 24 - 40 - 60 = 4$ 個。因此，不可能有 5 個單詞含有 7 個字母。

25. 幼兒園的兒童排成兩列縱隊，每列人數相等，每列中男孩與女孩的數量相等。在同一排的兩個孩子是一男一女的對數，和同排均為男孩或女孩的對數也相等。證明：孩子的人數能被 8 整除。（1983 年全蘇第 17 屆數學奧林匹克試題）

證　如圖 4-36 所示，
用陽爻表示男孩，陰爻表示
女孩。每一縱列就是一個陽
爻個數與陰爻個數相等的
卦。而且兩個卦在相同爻位
上爻性相同與爻性相反的爻
位個數相同，如：

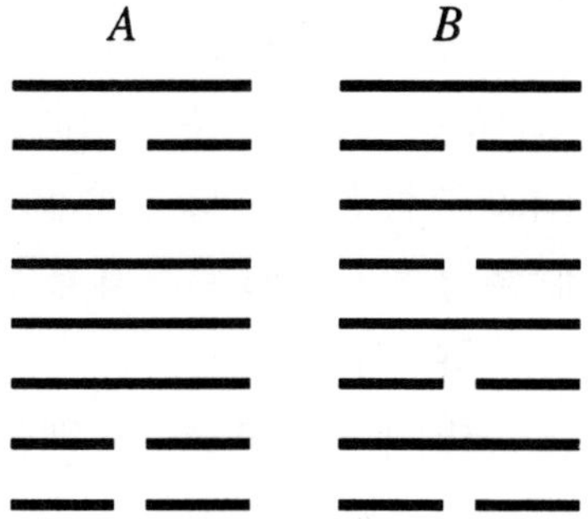

　　不妨設這是 n 爻的卦，
兩卦中有 m 個爻位上爻性

圖 4-36

相反，則有 m 個爻位的爻性相同，所以 $n = 2m$，並且每
卦中陽爻、陰爻各 m 個。

　　要證明 $2n = 4m$ 能被 8 整除，只要證明 m 是偶數即
可。

　　若 m 是奇數，則兩卦中在爻性不同的 m 個爻位上，必
有一卦比另一卦至少多一個陽爻。不妨設 A 卦比 B 卦在這
m 個爻性不同的爻位上多 k 個陽爻，於是在兩卦中，爻性
相同的 m 個爻位上，A、B 兩卦陽爻的個數相同，在爻性
不同的 m 個爻位上，A 卦比 B 卦多 k 個陽爻（$k \geq 1$）。因
此，A 卦比 B 卦整體上多 k 個陽爻。與 A、B 兩卦各卦的
陽爻數均為 m 相矛盾。這個矛盾證明了 m 不能為奇數，即
m 是偶數。

　　26. 有一個正方體和兩種顏色：紅色和綠色。兩個人
做這樣的遊戲：一個先選取正方體的三條棱，並將它們塗
上紅色。他的對手從沒有塗色的棱中選三條，並將它們塗

上綠色。在這之後，第一個人再取尚未塗色的三條棱塗上紅色，他的對手最後取尚未塗色的三條棱塗上綠色。誰第一個能把任何一面的所有棱都塗上自己的顏色，就算誰勝。試問：如果第一個人採取正確的策略，他一定能獲勝，對嗎？（1984 年全蘇第 18 屆數學奧林匹克試題）

解 不能。

如圖 4-37，在正方體的 12 條棱上相間地放上一個陽爻或一個陰爻，以底面 *ABCD* 上的 4 條棱為初爻，*EFGH* 的 4 條棱為上爻，豎直的 4 條棱為中爻，則分布在兩兩異面的棱上的 3 個爻，可以構成下面的 8 個卦：

☰ , ☷ , ☳ , ☵ , ☶ , ☱ , ☲ , ☴

每條棱都分布在兩個卦中，每個卦分布在 3 個面上，每 3 個面對應著兩個卦。

先取者先取的 3 條棱不管怎樣取法，最多只能分布在 3 條不共面的棱上，即最多去掉上述 8 卦中的 1 卦。後取者可取包含先取者所取的棱分布的全部平面（最多 3 個）上的棱，這 3 個平面對應兩個卦，先取者最多取掉 1 卦，最少還剩 1 卦，後取者可取所剩的 1 卦，將其所在的棱塗成綠色。先取者所取棱所在的平面中，每一個平面都至少有一條棱被塗成綠色，所以先取者不能把一

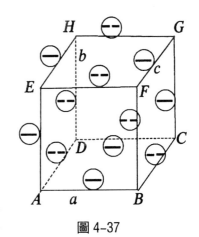

圖 4-37

個面的 4 條都塗成紅色。第 2 輪的取棱，後取者可照此辦理。故先取者不能取勝。

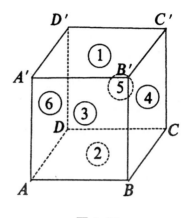

圖 4-38

27. 有一個正方體，一個同樣大小的帶蓋的正方體盒子和 6 種顏色。每種顏色只塗正方體的一面和盒子的一面。證明：可用適當的方式將正方體放到盒子裡，使得正方體的每一面和跟它緊貼的盒子的那一面有不同的顏色。（1985 年全蘇第 19 屆數學奧林匹克試題）

證　不妨將盒子的 6 個面編號（圖 4-38）：

$A'B'C'D'$——①，$ABCD$——②，

$ABA'B'$——③，$BCB'C'$——④，

$CDC'D'$——⑤，$DAD'A'$——⑥

用 6 個一陽的易卦來代表 6 種不同的顏色，不妨設盒子的面是這樣塗色的：

①　　②　　③　　④　　⑤　　⑥

考慮 4 種顏色，總有兩種塗在小正方體兩個相對的面上，不妨設是 與 塗在小正方體兩個相對的面①與②上，於是便可把小正方體的這兩個面

重於盒子的底面和蓋面，然後轉動側面，使小正方體的顏色 ䷀ 對準盒子的顏色 ䷀ 的一面。

位於③④⑤三個面上的顏色是 ䷀，䷀，䷀ 無論怎樣也不可能與盒子③、④、⑤三個面的顏色相同。

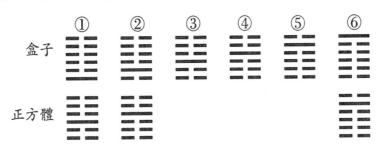

28. 有 $n+1$ 個砝碼，總重量為 $2n$，每個砝碼的質量都是自然數。天平的兩個秤盤處於平衡狀態。將砝碼逐個放到天平上去；首先放最重的（或者最重者之一），然後放餘下砝碼中最重的，如此繼續下去。同時，後放的每一個砝碼都要放到當時較輕的秤盤上（如果兩邊平衡可放到任何一邊的盤上）。

證明：當所有的砝碼都放到天平上去時，天平處於平衡狀態。（1984 年全蘇第 18 屆數學奧林匹克試題）

證　用一些 t 個陽爻的卦來表示質量為 t 的砝碼，將 $n+1$ 個砝碼依從輕到重排列起來（圖4-39）：

圖 4-39

設最重的砝碼質量為 k，質量為 1 的砝碼有 l 個，若 $k > l$，則將最後一卦中的 k 個陽爻中提取 l 個陽爻，分別在每個 1 爻卦上加 1 爻（圖 4-40）：

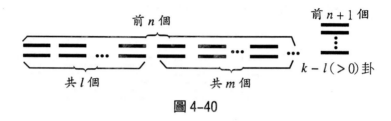

前 n 個　　　　　　　　　　前 $n+1$ 個

共 l 個　　　共 m 個　　　$k - l(>0)$ 卦

圖 4-40

於是前 n 個卦中每卦至少有 2 爻，總爻數不小於 $2n$，最後一卦有 $k - l \geqq 1$ 爻，$n+1$ 個卦的總爻數將超過 $2n$，與題議 $n+1$ 個砝碼重 $2n$ 矛盾。所以 $k \leqq l$。

現在按要求往天平秤盤上放砝碼時，兩邊質量之差不大於 k，當把所有質量大於 1 的砝碼放完後，天平兩邊質量之差小於 k。再把質量為 1 的 l 個砝碼放上去，由於 $l > k$，必可使天平兩邊平衡。

29. 甲乙兩人輪流在黑板上寫下不超過 10 的自然數，法則是禁止寫黑板上已寫下的數的約數，下一步無數可寫的為失敗者。問先寫者勝還是後寫者勝？取勝的策略是什麼？（1987 年蘇聯第 21 屆數學奧林匹克試題）

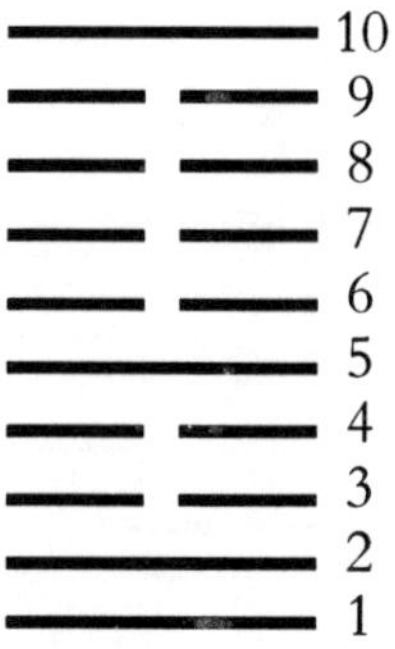

　　　10
　　　9
　　　8
　　　7
　　　6
　　　5
　　　4
　　　3
　　　2
　　　1

解　先寫者有取勝的策略。

考慮大於 5 的幾個數。我們畫一

圖 4-41

個 10 爻的卦，它的各個爻位依次表示數 1，2，…… 10。取任一大於 5 的數，例如 10，在卦中將 10 和 10 的因數所在爻位用陽爻，其餘爻位用陰爻，如圖 4-41。

同樣地，對於 9，8，7，6 可作出類似的卦：

當先寫者甲寫下 6，7，8，9，10 中某數時，則對應的卦中

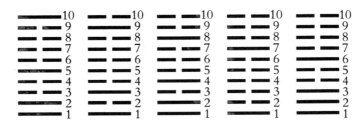

所有陽爻位上的數都不能再寫。為了便於控制，先寫者甲應先寫陽爻最多的卦所對應的數，即 10、8 與 6。例如甲先寫 6，則將各卦中（6）所對應的卦的陽爻所在爻位都去掉後，得

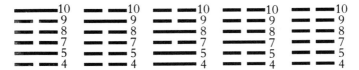

從卦中看到，還有 2 個以上陽爻的卦只有兩個，相應的兩個陽爻是 10 與 5，8 與 4。下一步甲只要將剩下的 6 個爻位寫成 3 組，但避免 10 與 5，8 與 4 同組。那麼不管乙寫哪一個數，必在 3 個組的某一組內，甲接著可寫該組

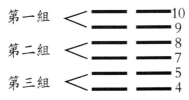

中另一個數，待 3 組數寫完，乙即無數可寫而失敗。

完全同樣地，如果甲先寫 8，去掉陽爻位後，5 卦剩下的是：

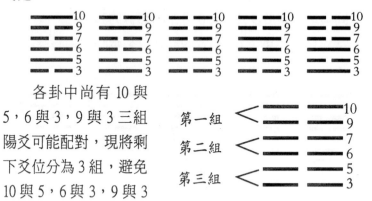

各卦中尚有 10 與 5，6 與 3，9 與 3 三組陽爻可能配對，現將剩下爻位分為 3 組，避免 10 與 5，6 與 3，9 與 3 同組，下一步不管乙寫哪一個數，甲都寫同組的數，故甲必勝。

30. 某個國家有 21 個城市，由若干家航空公司擔負它們之間的空運任務。每家公司都在 5 個城市之間設有直達航線（無需著陸，且兩城市間允許有幾家航空公司的航線），而每兩個城市之間都至少有一條直達航線。問至少應有多少家航空公司。（1988 年蘇聯第 22 屆數學奧林匹克試題）

解 我們畫一個縱橫 21 × 21 的表格，在第 i 行第 j 列（$i \neq j$）交叉處方格中置一個 n 爻卦表示第 i 個城市和第 j 個城市之間有第 n 家公司的一條直達航線，除第 i 行第 i 列的交叉方格不填卦外，每一列上有 20 個方格，共有 21 × 20 = 420 個方格要置卦，同一公司的每兩卦代表一條航

線。每家公司只在 5 個城市之間開闢直達航線，最多能開
闢 $C_5^2 = 10$ 條航線，表示該公司航線的卦最多有 20 個。所
以至少要 420 ÷ 20 = 21 家公司才能完成空運任務。

　　另一方面，圖 4-42 的表直接表明，有 21 家航空公司
完全可以承擔空運任務（為書寫簡便，用數字代表卦）

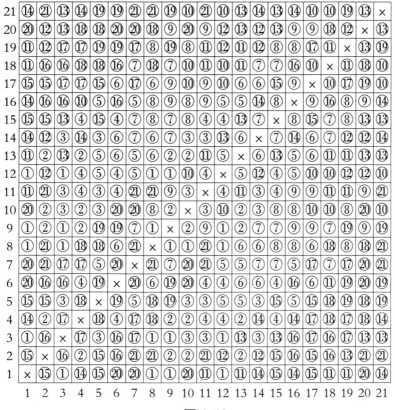

圖 4-42

31. 正方形被劃分為 5 × 5 個方格,在其中一個方格內填有「−」號,在其餘方格內均填有「+」號。每一次可以從中排出一個以方格線做邊界的正方形。正方形中必須多於一個方格。然後同時改變寫在正方形中所有方格內的符號。試問,一開始時,應將「−」號填在哪一個方格內,才能使得在經過有限次如上所述的變號之後,所有的方格中的符號都變成「+」號?(1991 年全蘇第 25 屆數學奧林匹克試題)

解 如圖 4-43 所示,對放有陽爻的小方格來說,包含這些小方格中任何一個的 2 × 2 以上的正方形都包含有偶數個陽爻方格。因此,如果最初在這些帶陽爻的格子裡有一個是陰爻,那麼,在每一步變號之後,在包含原陰爻的正方形內都有奇數個陰爻。因此,不管進行多少次改變,最後總剩有陰爻。

由於對稱關係,當陰爻最初填在如圖 4-44 三個帶陽爻的長方形內時,同樣不能使所有方

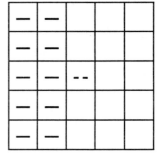

圖 4-43

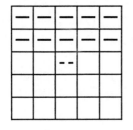 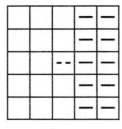 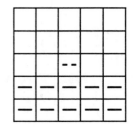

圖 4-44

格最後都變為陽爻。

因此，「－」號只能填在放陰爻的中心處。那麼，只要經過如下 5 次變號，即可都變為正號：

先取左下角 3×3 正方形；再取右上方 3×3 正方形，再分別取剩下的兩個 2×2 正方形，最後取整個正方形。

32. 圖 4-45 是一個由 16 條線段組成的圖形，證明不能畫出一條折線，它和圖形中的每一條線段相交而且只相交一次。這條折線可以是開的，可以是自身相交的，但折線的頂點不能在線段上，而折線的邊也不能通過線段的公共點。（1961 年全俄第一屆數學奧林匹克試題）

解 圖形把平面分成了 A、B、C、D、E、F 6 個區域，5 個小區域封閉，其中 A、B、D 3 個有 5 條邊，兩個區域 C、E 有 4 條邊。除外部區域 F 外，每個小區域有幾條邊就在其中放幾個陽爻，如圖 4-46。

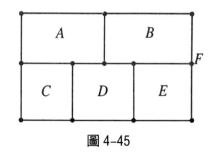

圖 4-45

假如能畫出一條滿足題目所求的折線，我們設想折線進入某一區域時（例如 A），因進來時穿過一條邊，用折線連接一

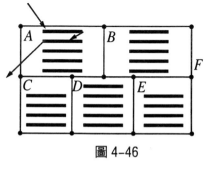

圖 4-46

個陽爻來表示，離開這個區域時又連接另一個陽爻，表示穿過另外一條邊。一進一出，每次就消掉兩個陽爻。因此，如果某一小區域內若不包含折線的端點的話，陽爻的個數必須是偶數。因圖4-46中 *A*、*B*、*D* 三個小區域都有奇數個陽爻，所以每

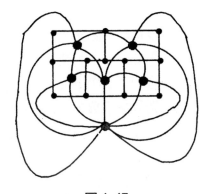

圖 4-47

一個區域都必須包含折線的一個端點，但折線最多有兩個端點。這個矛盾證明了所要求的折線不存在。

　　註：本題與七橋問題是相同類型的問題。在 6 個區域中分別取一個點（不妨稱它們是各區域中的陸地，把 16 條線段當做環繞它們的河流，和這線段相交的折線可做橫跨河上的橋梁，就成為與七橋問題一類的問題。它是有 6 個頂點、16 條線的網絡圖（圖 4-47），因它有 4 個奇點，所以不能一筆畫。

　　33. *n* 個點由一些線段連結起來，已知每一個點和另外任何一個點都可以通過線段由此及彼，形成一條道路。但任何兩點之間都沒有兩種不同的道路。證明：線段的總條數共有 *n*-1 條。（1961 年全俄第一屆數學奧林匹克試題）

　　解　根據「太極生兩儀，兩儀生四象，四象生八卦」的原理，畫出一個生成系統圖：

　　在這一系統中，任何兩個爻（包括最下的太極圓）都

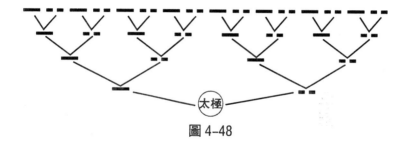

圖 4-48

可以沿著所畫的線從一個爻走到另一個爻，並且道路只有惟一的一條。現在在系統內任取 $n-1$ 個爻和作為太極的圈，共 n 個代表 n 個點，把沒有取到的爻一律去掉，並把去掉了爻的地方原來的折線改為直線。

如圖 4-49 中，加圈的爻表示去掉。原來由 A 至太極 D 的道路 $A-B-C-D$，因 B、C 兩處的爻去掉，原來的折線改為直線（虛線 AD）：

在做了這樣的處理之後，就得到了一個簡化了的新圖，它是原系統的一個子系統，如圖 4-50 所示：

在圖 4-50 中，任何兩個爻之間都有道路相通而且通路是惟一的。把每一個爻（包括太極）看成本題中的一個

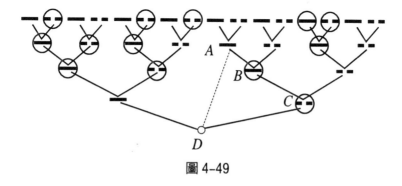

圖 4-49

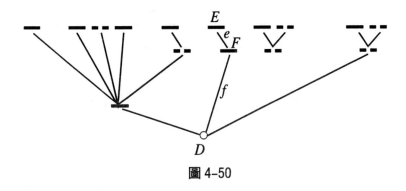

圖 4-50

點，完全符合題設的條件。注意到圖 4-50 中，每一個爻都恰好與連接它與太極的折線中的第一條線段對應，如 E 對應線段 e，F 對應線段 f。因為除太極外，還有 $n-1$ 個爻，所以恰好對應 $n-1$ 條線段。

　　註：本題圖形即圖論中的「樹」。所有的樹都可以取一個頂點作為「根」（如我們取太極圈為根），畫成一棵樹的樣子。例如，在本題的圖中，把爻換成點後就可以畫成圖 4-51 的樣子。

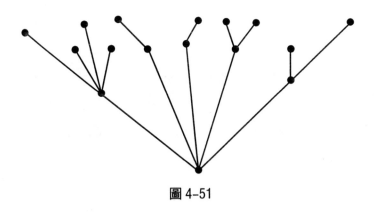

圖 4-51

34. 有 8 人參加國際象棋循環賽，並且他們的得分全都不相等。已知第二名的得分是最後 4 名選手得分的總和，問第三名和第七名之間的勝負如何。（1963 年俄羅斯第三屆數學奧林匹克試題）

解 用一個陽爻「—」表示得 0.5 分，一個陰爻「--」表示得 0 分。則任何兩個棋手之間比賽有 3 種可能情況：

A	勝 ═	平 ▦	負 ▦
B	負 ▦	平 ▦	勝 ═

一場比賽有 2 個陽爻。

每人比賽 7 場，可用一個 14 爻的卦來記錄他們的得分情況。

後 4 人共賽 6 場，所以最後 4 卦中至少有 12 個陽爻，因此，第二卦也至少有 12 個陽爻。

若第一卦有 14 個陽爻，則第二名與第一名比賽不能得陽爻，最多有 12 個陽爻。

若第一卦有 13 個陽爻，則第二卦的陽爻比第一卦至少要少 1 個，也最多有 12 個陽爻。

總之第二卦既不能少於 12 個陽爻，也不能多於 12 個陽爻，故恰有 12 個陽爻。所以後 4 卦也恰有 12 個陽爻。這意味著，後 4 名選手與前 4 名選手對局時任何一人都不能得一陽爻，特別的，第七名也不能在與第三名比賽時得到陽爻，即第七名負於第三名。

35. 在某個星系的每個行星上有一個天文學家觀察最近的一個行星，行星之間的距離兩兩不相等。證明：如果行星有奇數個，那麼，就存在一個任何人都沒有觀察到的行星。（1966年俄羅斯第六屆數學奧林匹克試題）

解 取兩個彼此距離最近的行星，顯然這兩個行星上的天文學家將互相觀察。我們用兩個陽爻表示：

如果還有第三位天文學家也觀察這兩顆行星中的某一顆，則再如上一陽爻。

如果還有第四位天文學家也觀察這兩顆行星中的某一顆，則再加上一陽爻，如此類推。當把觀察這兩顆行星的人都畫上陽爻後，再考慮剩下的天文學家中，互相觀察所在星球距離最近的一對，接在第一組陽爻之上畫兩個陰爻表示，如圖4-52。

如果還有若干個觀察這兩個星球之一的天文學家，再在其上加上若干個陰爻，餘類推。繼續在剩下的相互觀察所在星球的天文學家中選一對最近的，接在陰爻之上用兩個陽爻表示，如此陽爻、陰爻相間地接下去，最後就得到一個 n 爻（假設有 n 個行星）的卦，卦可能有兩種情況：

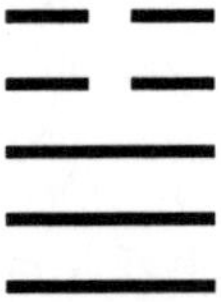

圖4-52

一種是卦中有連續 3 個以上同性的爻，如圖 4-53；一種是陽爻、陰爻兩兩交替出現，因 n 是奇數最上爻單獨一個性，如圖 4-54。

　　對於第一種情況，至少有 3 個天文學家只觀察到兩個行星，其餘的 $n-3$ 個天文學家要觀察 $n-2$ 個行星，而每人只觀察一個，因而至少有一個行星誰也沒有觀察到。對於第二種情況，每兩個連續同性的爻互相觀察，最後剩下的那個單獨的上爻所代表的行星，誰也沒有觀察到。

　　這就證明了所要的命題。

圖 4-53

圖 4-54

　　36. 7 個正六邊形組成的網眼（如圖 4-55）中，每一個六邊形都塗上了白色或黑色。任意選擇一個網眼，將它及與它相鄰的的網眼都改成相反的顏色。證明：由圖 4-27（甲）的塗色方式，經有限次的按上述方法操作後，

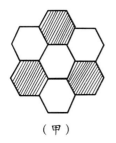
（甲）

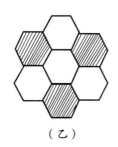
（乙）

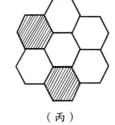
（丙）

圖 4-55

（1）可將（甲）變為（乙）的塗色方式。

（2）不可能將（甲）變為（丙）的塗色方式。

（1989 年俄羅斯第 15 屆數學奧林匹克試題）

解　在白色網眼裡放一個陽爻，黑色網眼（畫有陰影的部分）裡放一個陰爻。

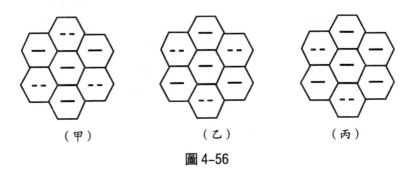

（甲）　　　　　　（乙）　　　　　　（丙）

圖 4-56

把這些爻依次按「同性得陽，異性得陰」的乘法法則運算，則（甲）、（乙）（丙）三個圖像的乘積結果為：

（甲）　　　　　　　　（乙）　　　　　　　　（丙）

把一個網眼改變塗色後，相當於改變該網眼中的爻性，也相當於將該網眼中的爻乘以一個陰爻，或者將上述結果再乘一個陰爻。

（1）圖甲可通過有限次操作的證明：

圖 4-57 中打有「‧」的網眼表示操作時選擇這一個網點為改變塗色的基點。

（2）圖甲不能由操作變為圖丙的證明：

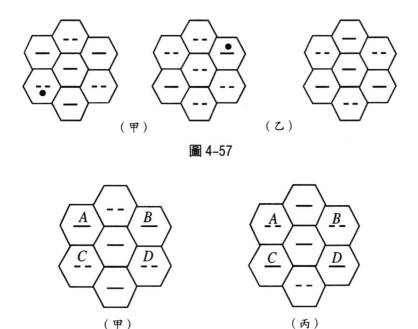

（甲）　　　　　　　　（乙）

圖 4-57

（甲）　　　　　　　　（丙）

圖 4-58

考慮圖 4-58 中標有字母 A、B、C、D 的 4 個網眼，不管在操作時選擇哪個網眼為基點，這 4 個網眼中的爻或改變兩個爻性，或改變 4 個爻性，都是偶數個，它們的乘積始終保持不變。但圖甲中 A、B、C、D 4 個網眼中爻的乘積為一陽爻，圖丙中 4 個網眼中爻的乘積為一陰爻。所以，不能由規定的操作把圖甲變為圖丙。

37. 今有 25 枚外觀相同的硬幣，其中有 3 枚偽幣和 22 枚真幣。所有真幣的重量相同，所有偽幣的重量也相同，但偽幣輕於真幣。現有一架沒有砝碼的天平，試問：如何

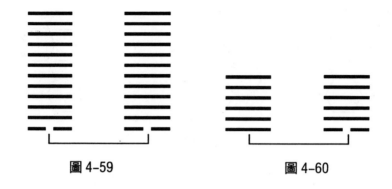

圖 4-59　　　　　　　　　　圖 4-60

稱量兩次，從中找出 6 枚真幣來？（1990 年全俄第 16 屆
數學奧林匹克試題）

　　解　用一陽爻代表真幣，一個陰爻代表偽幣。先去掉
一枚硬幣，把其餘 24 個分成兩組，一組 12 個，分放在天
平的兩邊稱量一次。

　　（1）若天平兩邊平衡，則只能是圖 4-59。

　　任取一邊的 12 枚分成每邊 6 枚再稱一次，必為圖
4-60。則較重的一邊 6 枚均為真幣。

　　（2）若天平的兩邊失衡，則有 3 種可能（圖 4-61）：

　　不管哪種情況，取較重的一邊一分為二再稱量一次，
將出現圖 4-62 的兩種情況之一：

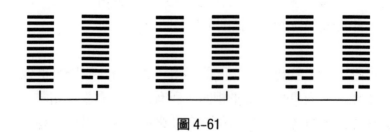

圖 4-61

圖 4-62

不管出現哪種情況取較重（若平衡時任取一邊）一邊
的 6 枚硬幣為真幣。

38. 100 個運動員參加賽跑，已知其中 12 個人中總有
兩個彼此熟悉的。證明：運動員的號碼不論如何編排（未
必是從 1 到 100），總可以找到兩個彼此熟悉的運動員，
他們的號碼是以相同的數字開頭的（即最高數位的數字相
同）。（1990 年俄羅斯第 16 屆數學奧林匹克試題）

證 把 100 個運動員依次編號為 1，2，……100。選 100
個 9 爻的卦；第 i 名運動員的編號用數字 j（$j = 1，2，$……
9）開頭，則第 i 卦的第 j 爻用陽爻，其餘都用陰爻。

現在證明：一定在某一爻位上陽爻的個數不少於 12
個。事實上，如果每一個爻位上陽爻的個數都不超過 11
個，則在 9 個爻位上最多只有 $11 \times 9 = 99$ 個陽爻。

但另一方面，100 個運動員的每一個都有一個編號，有
一個編號就有一個陽爻，共有 100 個陽爻，與每一爻位上
最多只有 11 個陽爻矛盾。

因此，一定有一個爻位上至少有 12 個陽爻，不妨設是
第 1 至第 12 個卦的 j 爻同為陽爻，則第 1 至第 12 人的編號

都是用 j 開頭的。

由題設 12 人中總有兩個互相認識的人，這兩個人的編號是用同一個數字 j 開頭的。

39. 今有一塊尺寸為 $n \times n$ 的木板，上面畫有方格的網（即分成 n^2 個小方格）。兩位遊戲者輪流用鋸子將木板鋸開，鋸痕須自木板的邊緣開始，或自某個已被鋸及的結點開始。每人沿方格線每次鋸出單位長度的鋸痕（要鋸開木板）。如果某人鋸過後，木板斷開了，則判該人輸。試問誰會取勝——是先開始鋸的人還是其對手？（1991 年俄羅斯第 17 屆數學奧林匹克試題）

解 如圖 4-63 所示，在木板的邊緣及鋸痕已至的結點都放一陰爻，其餘的點放一陽爻，若某人從陰爻開始（下鋸）鋸到另一陰爻結束，木板必然斷開。因此，遊戲者只要還能找到陽爻就不會輸，如遊戲者已找不到陽爻，則必輸無疑。因為一開始為 $(n-1)^2$ 個陽爻，如果雙方都能採用正確的鋸法，每次用掉一個陽爻，最後一個陽爻歸誰取得，誰就會贏。

當 n 為奇數，$n-1$ 為偶數，$(n-1)^2$ 也為

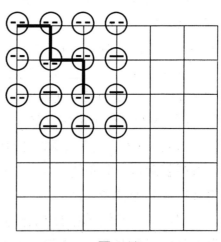

圖 4-63

偶數，最後一個陽爻必為後鋸者取得，故先鋸者輸。

　　當 n 為偶數，$n-1$ 為奇數，$(n-1)^2$ 也為奇數，最後一個陽爻必為先鋸者取得，故後鋸者輸。

　　40. 兩人進行遊戲，在一張 1×100 的紙帶上輪流執步（該紙帶被劃分為 100 個單位小方格），在最左端的方格裡放有一枚棋子，每一步可將棋子向右移動 1 格、10 格或 11 格，一直到某人不能繼續如此執步，則判該人輸。試問：如果按照正確的方式執步，誰將獲勝——是先執第一步的，還是其對手？（1991 年俄羅斯第 17 屆數學奧林匹克試題）

　　解　如圖 4-64，自左至右依次將方格編為 1~100 號。如果從一個方格開始出發可以獲勝，則在該格放一陽爻「━」；如果從某一個方格出發必然會輸的格則置一陰爻「- -」。如果從某一方格出發只能落入陽爻格，則此格必為陰爻格，因對手下一步從陽爻格出發必能獲勝。如果從某一方格出發必可找到一個陰爻格落下，則此格必是陽爻格。

　　因為第 100 號格是陰爻，故第 99 號格是陽爻，第 98

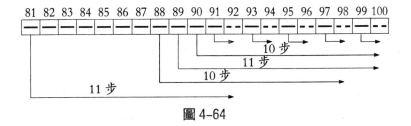

圖 4-64

號格是陰爻，如此交替下去，91 號格是陽爻格。於是第 81 號至第 90 號都是陽爻，因為由這些格中的每一個出發都可以落入 91 到 100 號之間的某一陰爻格中。類似地可知第 70～80 號的方格中，奇數號碼的方格是陽爻，偶數號碼的方格是陰爻，其情形與第 99 格與 100 格之間的情形類似。第 61 號～70 號的方格又都為陽爻；如此繼續，即知第 1 號方格為陰爻，所以先執步者會贏。

41. 有一個 n（$n \geq 2$）列 6 行的表格，每格中填上 0 或 1，使得任何兩列互不相同，並且若有兩列填的數分別為 $(a_1, a_2, \cdots\cdots a_6)$ 和 $(b_1, b_2, \cdots\cdots b_6)$，則必有另一列為 $(a_1 b_1, a_2 b_2, \cdots\cdots a_6 b_6)$。證明：必存在一行，其中 0 的個數不少於 n 的一半。（1991 年俄羅斯第 17 屆數學奧林匹克試題）

證 用陽爻表示 1，陰爻表示 0，則每一列都是一個六爻卦。並且若 A、B 都是表格中的卦，則 A、B 不同，並且按題目規定，與 $(a_1 b_1, a_2 b_2, \cdots\cdots a_6 b_6)$ 對應的卦（記作 AB）也在表格中。

當 $n = 2$ 時，因只有兩卦且兩卦不同，不可能兩卦在所有爻位上都是陽爻，至少在某一爻位上有一陰爻，那麼在相應的行上 0 的個數不少於 1。

假設 $n > 2$。分三種情況討論：

若表格中有一個陰爻的卦。不妨礙一般性，可設為 $A = \equiv\!\equiv$。那麼，對表格中另一個第六爻為陽爻的卦 B，例如 $B = \equiv\!\equiv$，則 A 與 B 的積 $C = \equiv\!\equiv$ 也在表格中。（這裡的乘

法按布爾代數的乘法進行，即 ▬ × ▬ = ▬ ，▬ × -- = -- ， -- × ▬ = -- ， -- × -- = -- ），B 與 C 只有第六爻爻性相反，它們一一對應，所以在第六爻位上，陰爻的個數不少於陽爻的個數，即在相應的行上，0 的個數不少於 n 的一半。

若表格中有二陰爻的卦，不妨設為 $A = \text{☳}$。考慮表格中其餘的卦最上兩爻的情況，它們分別為「四象」之一：

同上的論證，知最上兩爻為 ▬▬ 的卦數不會多於最上兩爻為 ▬▬ 的卦數，如果最上兩爻為 ▬▬ 的不比為 ▬▬ 的卦數少，則在第六爻位上，陰爻的個數不少於陽爻的個數，即在相應的行上 0 的個數不少於 n 的一半。

如果表格中沒有一陰爻和二陰爻的卦，那麼，除了可能有一個乾卦 ☰ 外，其餘的 $n-1$ 卦每一卦都至少有 3 個陰爻。又因為 $n > 2$，如果兩個卦恰好各有 3 個陰爻，因為兩卦不同，它們的 3 個陰爻不可能全在相同的爻位上，這樣它們的乘積至少多於 3 個陰爻，如：

所以 $n-1$ 卦的陰爻個數多於 $3(n-1)$，它們分布在 6 行上，必有某行上的陰爻個數多於 $\dfrac{3(n-1)}{6} = \dfrac{n-1}{2}$，即不小於 $\dfrac{n}{2}$。所以相應的行上，0 的個數不少於 $\dfrac{n}{2}$。

42. 找出所有由 4 個實數組成的數組，使組中每一個數是該組中另兩個數的乘積。（1991 年俄羅斯第 17 屆數學奧林匹克試題）

解 根據「同性相乘得陽，異性相乘得陰」的法則，我們可以用 4 個爻代替實數。

（1）如果 4 個爻全是陽爻，顯然滿足題目條件。$A = \{ —，—，—，— \}$.

（2）如果有陽爻也有陰爻，則陰爻不能少於 2 個，因為若只有一個陰爻，其餘 3 個是陽爻，則這個陰爻不能用其餘 3 個陽爻中任何兩個的乘積表示，所以，陰爻必是 2 個或 3 個。即

$$B = \{ \text{--}，\text{--}，—，— \}$$
或 $C = \{ \text{--}，\text{--}，\text{--}，— \}$.

（3）如果全是陰爻，按「同性得陽，異性得陰」的乘法不滿足條件。但可考慮定義「陰爻 × 陰爻 = 陰爻」。則 $D = \{ \text{--}，\text{--}，\text{--}，\text{--} \}$ 仍合題設條件。

對於（1），（2）可令陽爻代表 1，陰爻代表 −1，它滿足「同號相乘得正 1，異號相乘得負 1」，與爻的乘法規則相符，故得符合條件的 3 個 4 數組：

$$(1,1,1,1)，(−1,−1,1,1)，(−1,−1,−1,1)$$

對於（3），令陰爻表示 0，則因 $0 \times 0 = 0$，符合「陰爻 × 陰爻 = 陰爻」的規定，故又得一個滿足題設條件的 4 數組：$(0,0,0,0)$。

下面證明，除此 4 組外，再無別的 4 數組滿足條件。

設 4 數組的絕對值分別為 $a，b，c，d$，且 $a \leq b \leq c \leq d$.

$$\left|\begin{array}{l}\text{若 } a = bc \text{，則 } a \geqslant bc \text{，}\\ \text{若 } a = bd \text{，則 } a = bd \geqslant bc \text{，} \therefore a \geqslant bc.\\ \text{若 } a = cd \text{，則 } a \geqslant bc\end{array}\right.$$

同理，$d \geqslant bc$. 所以

$$bc \leqslant a \leqslant b \leqslant c \leqslant d \leqslant bc.$$

$$\therefore a = b = c = d = x$$

於是由 $x^2 = x$ 推出 $x = 0, 1$。即 4 數組中任何一個數的絕對值只能為 $0, 1$。因此，4 數組的每一個數都只能為 0，$-1, 1$。

43. 在一本家庭照相冊中有 10 張照片，每張照片上有 3 個人，某男士在中間，左邊是他的兒子，右邊是他的兄弟，已知中間的男士是不同的人，試問這些照片上最少有多少個不同的人。（1993 年俄羅斯第 19 屆數學奧林匹克試題）

解 如圖 4-63，我們用「兩儀生四象，四象生八卦」的思路來分析。

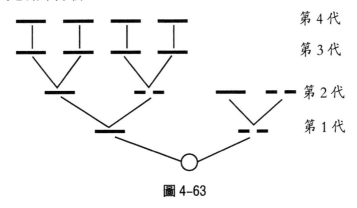

圖 4-63

用太極表示照片中第一
代人的父親。因為每一代人
都有兄弟，因此第一代不少
於2人。

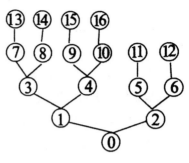

圖4-64

太極分成兩儀，陽爻表
示兄，陰爻代表弟。他們都
有兒子，兒子也有兄弟，故
還要繼續一分為二，第二代
至少有4人。第二代再繼續分出第三代，因中間站的男士
總共只有10人，故第二代最多可有兩人分支，其餘兩人單
支延伸。第三代要站中間，又必須有兒子，但第四代已不
站中間，可以無兄弟無兒子，故第三代可單支延伸，如圖
4-64所示。圖中共有16個爻，最少需要16個人。由圖
4-64知，16人的確可以達到照片的要求。

他們組成的10張照片是

③①②　⑤②①　⑦③④

⑨④③　⑪⑤⑥　⑫⑥⑤

⑬⑦⑧　⑭⑧⑦　⑮⑨⑩

⑯⑩⑨

44. 有兩個大小不同的同心圓盤，均分成 $2n$ 個相同的
小扇形。外盤固定，內盤可以繞兩圓的公共中心轉動。將
內、外兩盤的所有扇形染成紅、藍兩種顏色之一，且每種
顏色的小扇形在內、外兩盤總計各為 $2n$ 個。證明：可將內
盤轉到一個適當位置使兩盤中扇形對齊，而對應顏色不同
的扇形不少於 n 對。（1959年莫斯科第22屆數學奧林匹

克試題）

證　我們用一個陽爻「—」表示紅色，一個陰爻「- -」表示藍色。按「同性相乘得陽，異性相乘得陰」的乘法法則，將兩個對齊的扇形中的爻相乘，則：

當內外兩圓的扇形同色時，得到陽爻；

當內外兩圓的扇形異色時，得到陰爻。

如果每一格旋轉異色的扇形都小於 n 對，將各對扇形的兩個爻相乘，得到陰爻個數都小於 n。旋轉一周共 $2n$ 次。每次把對應扇形的兩爻相乘，乘積中：

陰爻的總個數 $< n \times 2n = 2n^2$.　　　　（1）

但我們換一種算法：設內圈有 x 個陽爻，則有 $2n - x$ 個陰爻，外圈有陽爻 $2n - x$ 個，陰爻 x 個。外圈的陽爻與內圈的陰爻相乘都得陰爻，有 $(2n - x)(2n - x) = (2n - x)^2$ 個。外圈的陰爻與內圈的每一個陽爻相乘也得陰爻，共得 x^2 個。按照這個算法，在 $2n$ 次旋轉中，得：

陰爻的總個數 $= (2n - x)^2 + x^2$

$$= 4n^2 - 4nx + 2x^2　　　　（2）$$

將（1）（2）聯繫起來就得

$4n^2 - 4nx + 2x^2 < 2n^2$

或 $n^2 - 2nx + x^2 = (n - x)^2 < 0$

這個矛盾的不等式證明了：必有某次旋轉 $2n$ 對對應的扇形異色的不少於 n 對。

45. 有 20 張卡片，將數字 0 至 9 每一個都寫在兩張卡片上面。試問，能否將這些卡片排成一排，使得兩個 0 相

鄰，兩個 1 之間恰有 1 張卡片，兩個 2 之間恰有 2 張卡片等等。直到兩個 9 之間恰有 9 張卡片？（1965 年莫斯科第 28 屆數學競賽試題）

解 將 $10 \times 2 = 20$ 個位置的奇數位下放一個陽爻，偶數位下放一個陰爻。於是，陽爻和陰爻各有 10 個：

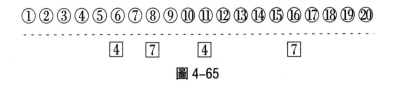

圖 4-65

按照題目的要求，兩張偶數卡片之間相隔偶數個位置，所以如果第一張對著陽（陰）爻，第二張卡片就必對應著陰（陽）爻。例如，兩張寫著 4 的卡片，如果第一張卡片對著⑥，⑥下是陰爻，另一張寫有 4 的卡片就在⑪處，⑪下放的就是陽爻。而相同的兩張奇數卡片，要嘛對著兩個陽爻，要嘛對著兩個陰爻。例如兩張寫有 7 的卡片，如果一張放在位置⑧，另一張就應放在位置⑯，在⑧與⑯兩個位置下都是陰爻。

於是 10 張偶數卡片佔據了 5 個陽爻和 5 個陰爻，剩下 5 個陰爻和 5 個陽爻留著放奇數卡片，但奇數卡片無論佔據的陽爻還是陰爻都是偶數而不可能是 5。因此，符合題目條件的放法是不存在的。

注 1 因為 $10 = 4 \times 2 + 2$，對於一般的正整數 $4n + 2$，這個結論是否可以推廣為一般性的命題，即：

能否把 $1, 1, 2, 2, 3, 3, \cdots\cdots 4n + 1, 4n + 1, 4n +$

2，$4n+2$（n 為自然數）這些數排成一行，使得兩個 1 之間夾著一個數，兩個 2 之間夾著兩個數……兩個 $4n+2$ 之間夾著 $4n+2$ 個數。

推廣後問題的答案仍然是否定的。特別地，取 $n=496$，則 $4n+2=1986$。1986 年我國在南開大學首次舉辦中學生數學奧林匹克冬令營，在選拔參加國家數學奧林匹克集訓隊的選拔賽試題中就出了這道題目。

註 2　這個問題最早是一位名叫 Dudley Langford 的人於 1958 年在《數學雜誌》上提出的：

幾年前，我的兒子還很小，他常常玩顏色塊。每種顏色的木塊各有兩塊。有一天，他把顏色塊排成一列。兩個紅的間隔 1 塊，兩塊藍的間隔兩塊，兩個黃的間隔 3 塊。我發現可以添上一對綠的，使它們之間隔 4 塊。不過需要重新排列。

一般地，是否可以將兩個 1，兩個 2，……兩個 m 排成一列，使兩個 1 之間有 1 個數，兩個 2 之間有 2 個數，兩個 3 之間有 3 個數，……兩個 m 之間有 m 個數？

當 $m=4n+1$，$m=4n+2$ 時，這樣的排法不存在。但當 $m=4n$ 或 $m=4m+3$ 時，這樣的排法是存在的，而且合乎要求的不同排列方式數還大得驚人。

46. 兩個弈手輪流在 25 × 25 的象棋盤上置子，一人執白子，另一執黑子，每顆棋子均置於空格之中，但若一個空格的相鄰的（兩個有一條公共邊的格子稱為相鄰的）4 個格子已被同色的棋子佔住，則禁止於其中置此種顏色的

棋子,若輪到某人著棋時無處置子,則此人告輸。問按此規則,如果著法正確無誤,問是先著棋者獲勝,還是後著棋者獲勝。(烏克蘭第32屆數學奧林匹克試題)

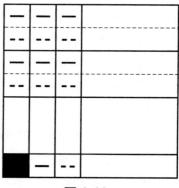

圖 4-66

　　解　如果先著棋者採取如下策略,則可穩操勝券。

　　先著棋者在棋盤中先劃出一格,例如圖4-66中帶有陰影的一格,然後把其餘的25×25-1個小格分成一些1×2的小矩形(實線),再把每個小矩形分成兩個小正方形,一個小正方形裡置一陽爻,另一小正方形裡置一陰爻,先著者第一步只要把棋子放在帶陰影的那個小方格中,以後不管對手把棋子放在何處,則先著棋者把棋子放在同一個1×2的矩形中,對手佔的是陽爻格子,先著者就佔陰爻格子;對手佔的是陰爻格子,則先著者就佔陽爻格子。這樣,先著者總有地方著子,因而獲勝。

三、東歐諸國數學奧林匹克試題選解

　　東歐諸國是數學奧林匹克活動開展得最早的一些國家,如匈牙利的數學奧林匹克活動開展已有逾百年的歷史,第一屆國際數學奧林匹克也是1959年於羅馬尼亞首都

布加勒斯特舉行。這些國家，每年賽事頻繁，除參加國際數學奧林匹克外，每個國家都舉辦自己的數學奧林匹克活動，還有許多雙邊的、多國的、地區性的競賽活動。他們在國際數學奧林匹克運動中，不僅是歷年參賽的主力軍，而且一般都能取得良好的成績。

這些國家都是數學奧林匹克命題的高手，不少知名的數學家親自參與命題的工作。他們的命題往往能別闢蹊徑，獨出心裁，每年都能提出一批有新意、有深度也有趣味的數學奧林匹克試題。如著名的抽屜原理就是匈牙利最早引入數學競賽中的。

47 .證明：在任何 6 個人中，一定可以找到 3 個原來互相認識的人，或者 3 個原來互相不認識的人。（1947 年匈牙利數學奧林匹克試題）

證 在 6 人中任選一人，例如 A，對於其餘的 5 人，如果與 A 認識，則用四象中的「━━」表示，如果與 A 不認識，則用「∷」表示。於是 5 個二爻卦中，必有某種有 3 個以上。不妨設「━━」有 3 個：

B ━━━ 　　C ━━━ 　　D ━━━
A ━━━ 　　A ━━━ 　　A ━━━

若 B、C、D 3 人互不認識，則本題已經證明。

若 B、C、D 3 人有兩人互相認識，例如，若 B、C 互相認識，則如圖 4-67 所示 A、B、C 3 人就互相認識，本題也得到了證明。

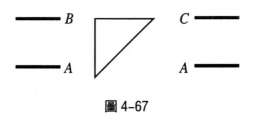

圖 4-67

若開始時，「**☵**」有 3 個，可以完全類似地得到證明。

綜上所述，本題的結論成立。

註：本題是一道頗為著名的試題，它是在中學生數學競賽中最早引入「抽屜原理」的典型試題。由於它的形式新穎，解法巧妙，很快受到全世界各國數學工作者的重視，被許多數學雜誌轉載，它的各種變形或推廣，至今不斷出現在各種類型的數學競賽中，數十年如一日，長盛不衰。各國出版的數學競賽或智力開發的數學書刊，幾乎沒有不把它選作例題的。

48. 給定一個自然數 n。由小於 n 的不同的自然數來構成兩組數（同一組的各個數不同，但不同組的數允許相同）。證明：如果兩組數的總個數不小於 n，那麼，可以從每一組中挑選出一個數，使它們的和等於 n。（1953 年匈牙利數學奧林克試題）

證 用兩個 $n-1$ 爻的卦 A、B 來表示兩組數；若 1 在 A 組中，則 A 卦的第一爻為陽爻，若 2 不在 A 組中，則 A 卦的第二爻為陰爻等等。由題設 A、B 兩卦中陽爻個數不小於 n。

取 B 的復卦 C，即將 B 卦倒轉過來得一新卦 C。則 C 與 B 的陽爻個數相同，但 B 卦的第 k 爻（$k = 1, 2, \cdots\cdots$ $n-1$）變成 C 卦的 $n-k$ 爻。

由於 A、C 兩卦中陽爻個數不小於 n，爻位只有 $n-1$ 個，故必在某一爻位上，A、C 兩卦同為陽爻。不妨設在第 k 個爻位上 A、C 同為陽爻，由卦的構造知，A 的第 k 個陽爻表示數 k 在 A 組中；C 的第 k 個陽爻是 B 的第 $n-k$ 個陽爻，表示 $n-k$ 在 B 組中。在 A 中取數 k，在 B 中取數 $n-k$，則 $k+(n-k)=n$. 命題得證。

例：若 $n = 7$，A、B 兩組數分別為：

A 組 = 1，2，5；

B 組 = 2，3，4，6.

則兩組對應的卦 A、B 及 B 的復卦 C 如圖 4-68 所示：

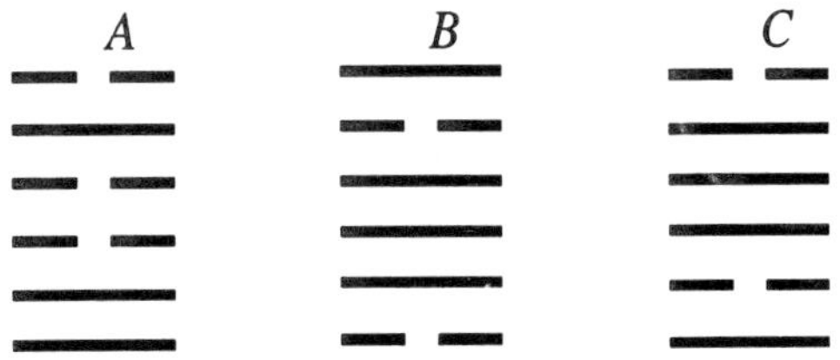

圖 4-68

A 與 C 的第一爻同為陽爻，B 的第六爻與 C 的第一爻同性，故可取 A 中的 1 和 B 中的 6，其和 $1+6 = 7$。另外，A 與 C 的第五爻也同為陽爻，因而 B 的第二爻必為陽爻，也可取 A 中的 5 與 B 中的 2，$5+2 = 7$.

49. 三兄弟在某一天去看望生病的朋友，而且在這一天

三兄弟的妻子也去看望這個朋友，任何一個拜訪者去的次數都不超過一次，三兄弟中每一個人在病友的房間裡都遇到了他兩個兄弟的妻子。證明：三兄弟中的至少有某一人在病房裡遇到了自己的妻子。

圖 4-69

（1959 年匈牙利數學奧林匹克試題）

解 我們用太玄圖的「—」、「--」、「---」來代表三兄弟的妻子。每種符號都使用兩個，組成一個六畫的太玄圖。下、上兩畫分別表示一位妻子到達或離去病房的時間順序。例如，圖 4-69 表示：大嫂首先到達病房，然後二嫂到來；二嫂到來之後，大嫂離去，大嫂離去之後，三嫂到來，三嫂隨即離去，二嫂最後離開病房。

如果大哥未碰見大嫂，只有兩種可能：一種是，大嫂到達病房並離開之後，大哥尚未到來；或者大哥來了又去了之後，大嫂才來，但大哥在病房裡碰見了二嫂和三嫂，所以，如果用一條虛線表示大哥到達或離去的時間，其中必有一條夾在兩個「--」和兩個「---」之間，而不可能在兩個「—」之間。即兩個「—」必須在「太玄圖」的兩頭或兩尾。如圖 4-70 所示：

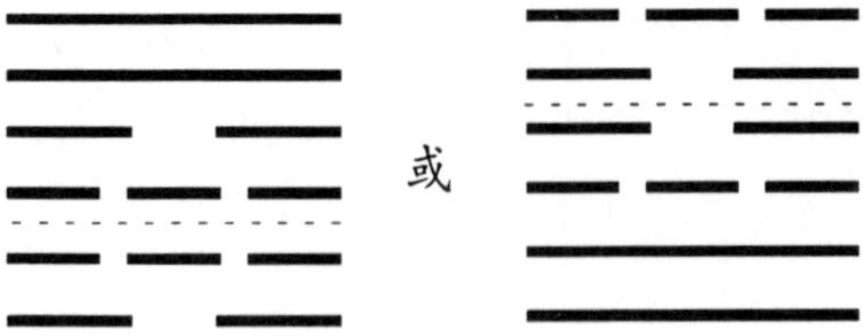

或

圖 4-70

完全類似的，若二哥未碰見二嫂，兩個「--」也必須在兩頭或兩尾。三哥如果未碰見三嫂，兩個「---」也必須在兩頭或兩尾，但頭、尾只有兩處，不能同時被 3 種不同的爻畫佔領。這個矛盾證明了三兄弟中必有一人見到了妻子。

50. 在畢業舞會上，每一個小伙子至少和一個姑娘跳過舞，但任何一個小伙子都沒有和所有姑娘跳過舞；而每一個姑娘至少和一個小伙子跳過舞，但任何一個姑娘都沒有和所有的小伙子跳過舞。證明：在所有參加舞會的人中，可以找到這樣兩個小伙子和兩個姑娘，這兩個小伙子的每一個只和這兩個姑娘中的一個跳過舞，而這兩個姑娘中的每一個只和這兩個小伙子中的一個跳過舞。（1964 年匈牙利數學奧林匹克試題）

證　不妨設有 m 個小伙子，n 個姑娘。如圖 4-71，給每一個小伙子對應一個 n 爻的卦，若這個小伙子與第一個姑娘跳過舞，則第一爻取陽爻，若這個小伙子與第二個姑娘沒有跳過舞，則第二爻用陰爻，如此類推，那麼就有 m

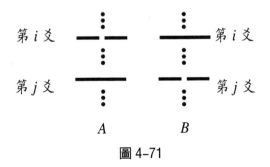

第 i 爻　　　　　　　　　　第 i 爻

第 j 爻　　　　　　　　　　第 j 爻

A　　　　　　B

圖 4-71

個卦反映出 m 個小伙子跳舞的情況。

在這 m 個卦中必有一個陽爻最多的卦 A，但 A 中也至少有一個陰爻，否則就意味著 A 與所有姑娘都跳過舞，與題意不符，不妨設 A 的 i 爻為陰爻。即第 i 個姑娘未與 A 跳過舞，但第 i 個姑娘至少與另一位小伙子 B 跳過舞，故 B 卦的第 i 爻是陽爻。在 A 是陽爻的那些爻位上，B 至少有一個爻位是陰爻，否則 B 將比 A 至少多一個陽爻（第 i 爻），與 A 的陽爻最多矛盾。不妨設在第 j 爻，A 是陽爻，B 是陰爻。

於是小伙子 A、B；姑娘 i，j 即合所求，小伙子 A 只與姑娘 j 跳過舞，小伙子 B 只與姑娘 i 跳過舞。

51. 一個俱樂部中有 $3n+1$ 人，每兩人可以玩網球、象棋或乒乓球，如果每人都有 n 個人與他打網球，n 個人與他下棋，n 個人與他打乒乓球。證明：俱樂部中有 3 個人，他們之間玩的遊戲是三種俱全。（1987 年匈牙利數學奧林匹克試題）

證 造一個 $3n+1 \times 3n+1$ 的表格，第 i 人與第 j 人玩網球，則在第 i 行第 j 列的方格中放一個「—」，若玩象棋則放一個「--」，若玩乒乓球，則放一個「---」。那麼每一列上恰好有 n 個「—」、n 個「--」、n 個「---」。

把同一列上每兩個不同符號所成的對稱為「異對」。n 個「—」與 n 個「--」可做成 n^2 個異對，同理「—」與「---」、「--」與「---」，也分別做成 n^2 個異對，故可做成 $3n^2$ 個異對。整個表中有 $3n+1$ 列，共有 $3n^2(3n+$

1）個異對。

另一方面，總可找到三個數 i, j, k，在第 i, j, k 三行與第 i, j, k 三列交叉處的 9 個方格中，除了對角線的 3 格外，其餘 6 格必可作成 3 個異對（圖 4-72）。

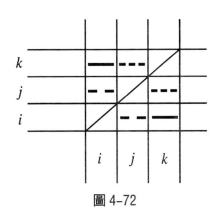

圖 4-72

事實上，若任何三三組中都至多只有兩個異對，因三三組有 C_{3n+1}^3 個，異色對最多只有 $2C_{3n+1}^3$ 個。$2C_{3n+1}^3 = \frac{1}{3}(3n+1) \cdot 3n(3n-1) = n(3n-1)(3n+1) < 3n^2(3n+1)$. 所以，至少有一個三人組對應著 3 組異色對，即相應的 3 人之間玩的遊戲三種俱全。

52. 森林中住著 12 個漆匠，每人住在自己的房子裡，房子被漆成藍色或紅色。在每一年的第 i 個月（$i = 1, 2,$ ……12），第 i 名漆匠拜訪他的所有朋友，如果朋友中多數的房子與他自己的房子顏色不同，那麼，他就將自己的房子漆成另一種顏色，以與大多數朋友一致。證明：經過一段時間，每一名漆匠均無須變更房子的顏色（朋友是相互的，並且不會變化）。（1990 年匈牙利數學奧林匹克試題）

證　若兩個朋友之間房子的顏色相同，則置一陽爻，不同則置一陰爻。當某一漆匠改變自己房子的顏色後，陽

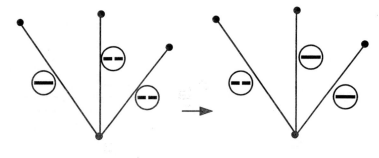

圖 4-73

爻的總數至少要增加一個（圖 4-73）。但爻的總數不超過 $C_{12}^2 = 66$ 個，因此，把陰爻變成陽爻的過程不可能無限制地進行下去。換句話說，經過一段時間後，每一名漆匠均無須改變自己房子的顏色。

註：本題亦為一典型的圖論問題，參看本章第二節的第 13 題。

53. 有 12 個漆匠住在分布在一環形公路邊的 12 所房子中。這 12 所房子，某些刷上了紅漆，其餘刷上了藍漆。每一個月，有一位漆匠提著足夠的藍漆和紅漆，沿順時針繞行公路。他從自己的房子開始，把每一所房子重新刷上另外一種顏色，一旦他第一次將一所紅房子刷成了藍房子時，他就停止自己的工作。

在一年之中，每一位漆匠恰恰做一次這樣的旅行。證明：如果在年初的時候至少有一座藍房子，那麼，到年底的時候，每一座房子仍然是與年初相同的顏色。（1990 年匈牙利數學競賽試題）

證　用陰爻表示紅色，陽爻表示藍色。造一個 n 爻的卦 P_0，造卦的方法規定為：如果按順時針方向，第一個漆匠的房子為紅色，則第一爻為陰爻；如為藍色，則用陽爻。類似地，第 i 個漆匠的房子為紅色，第 i 爻用陰爻，第 i 個漆匠的房子為藍色，則第 i 爻為陽爻（圖 4-74）。

現在定義 i-「變卦」的法則如下：從一個卦的第 i 爻開始，碰上陰爻，即將它變為陽爻，變卦即告結束；碰上陽爻，即將它變為陰爻，並對其上一爻（周而復始，第 n 爻的上一爻為第一爻）繼續變卦。直至碰上陰爻變陽爻為止（本題中 $n = 12$）。

例如：

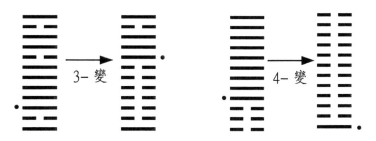

圖 4-74

加「·」的爻分別表示變卦的起始爻和終止爻。

定義 Q_i 為第 i 爻為陽爻，其餘各爻均為陰爻的一陽卦，如圖 4-75 所表示的卦為 Q_9。

用卦 P_0 表示房子顏色的初始狀態，則第一個漆匠改變顏色後得到的卦 P_1 相當於對 P_0 進行 1-變卦；第二個漆匠改變顏色後得到的卦 P_2 相當於對 P_1 進行 2-變卦；一般

地，第 i 個漆匠改變顏色後所得的卦 P_i 相當於對卦 P_{i-1} 進行 i - 變卦。而對 P_{i-1} 進行 i - 變卦，即相當於將 P_{i-1} 加上 $Q_i + (Q_{i+1} + \cdots\cdots + Q_{i+j})$，$j$ 表示從第 i 爻起連續陽爻的個數，加法法則按二進數的方法進行。

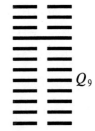

Q_9

圖 4-75

問題的結論是要證明：若 P_0 有陽爻，則 $P_n = P_0$.

不難證明：12 次變卦中，每次加上的卦除 Q_i 外，括號中的那些卦加起來恰好是 $Q_1 + Q_2 + \cdots\cdots + Q_n = Q$，為一個 n 爻全陽卦。

$$
\begin{aligned}
P_n &= P_{n-1} + Q_n + Q \\
&= P_{n-2} + Q_{n-1} + Q_n + Q \\
&= P_{n-3} + Q_{n-2} + Q_{n-1} + Q_n + Q \\
&= \cdots\cdots \\
&= P_1 + Q_2 + \cdots\cdots + Q_n + Q \\
&= P_0 + Q_1 + Q_2 + \cdots\cdots + Q_n + Q \\
&= P_0 + Q + Q \\
&= P_0
\end{aligned}
$$

54. 給定自然數 n，令 $m = 2^n$。將 m 個黑白兩色的棋子放在圓周上並做如下的調整：若某相鄰的兩個棋子同色，則在兩子之間放一個黑子；若兩個棋子異色，則放一個白子。放好後將原來的棋子取掉，稱為一次調整（如圖 4-76 所示）。

證明：經過 n 次調整之後，圓周上的棋子都變為黑

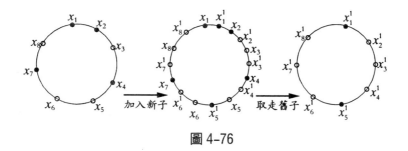

圖 4-76

子。（1977 年羅馬尼亞數學奧林匹克試題）

    證 我們用一個有 $m = 2^n$ 個爻的卦來表示圓周上 m 粒棋子的分布狀態。用一個陽爻表示一粒黑子，一個陰爻表示一粒白子。

    現在在兩個相鄰的同性爻之間插入一個陽爻，兩個異性爻之間插陰爻。第 m 爻認為與第一爻相鄰，x_i 在第 i 爻。如圖 4-76 所示的狀態，可用卦表示如圖 4-77：

    按照「同性得陽，異性得陰」的乘法法則，x_1^1 可看成

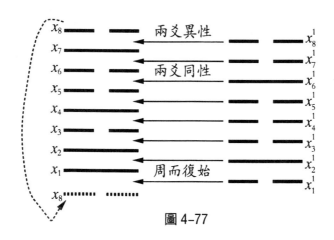

圖 4-77

由 x_1 與 x_2 相乘而來，x_2^1 可由 x_2 與 x_3 相乘而來，一般地有

一般地有

$$x_i^k = x_i^{k-1} \cdot x_{i+1}^{k-1}$$
$$= x_i^{k-2} \cdot x_{i+2}^{k-2} \cdot x_{i+1}^{k-2} \cdot x_{i+2}^{k-2}$$
$$= x_i^{k-2} \cdot x_{i+2}^{k-2}$$
$$= x_i^{k-3} \cdot x_{i+3}^{k-3} \cdot x_{i+2}^{k-3} \cdot x_{i+3}^{k-3}$$
$$= x_i^{k-4} \cdot x_{i+1}^{k-4} \cdot x_{i+1}^{k-4} \cdot x_{i+2}^{k-4} \cdot x_{i+2}^{k-4} \cdot x_{i+3}^{k-4} \cdot x_{i+3}^{k-4} \cdot x_{i+4}^{k-4}$$
$$= x_i^{k-4} \cdot x_{i+4}^{k-4} = x_i^{k-2^2} \cdot x_{i+2^2}^{k-2^2}$$
$$= \cdots\cdots$$

當連續操作 $m = 2^n$ 次之後，則有

$$x_i^m = x_i^{m-2^n} \cdot x_{i+2^n}^{m-2^n}$$
$$= x_i^0 \cdot x_i^0 = x_i \cdot x_i = 陽爻$$

所以經過了 $m = 2^n$ 次操作後，所有的爻都變成了陽爻，即圓周上的點都成了黑點。

55. 在小伙子和姑娘們參加的晚會上，有人發現，對其中任意一群小伙子中，至少認識其中一名小伙子的姑娘人數不少於這群小伙子的人數。證明：每個小伙子都可以

和他所認識的姑娘結伴，共同起舞。（1978 年羅馬尼亞數學奧林匹克試題）

證 不妨設有 n 個小伙子，m 個姑娘，將小伙子依次編號為 1，2，……，n；姑娘依次編號為 1，2，……, m。

製造 n 個 m 爻的卦，若第 i 個男孩認識第 j 個姑娘，第 i 個卦 B_i 的第 j 爻用陽爻；若第 i 個男孩不認識第 j 個姑娘，則 B_i 卦的第 j 爻用陰爻。由題設，對任意 k 個卦（$k \leq n$），這 k 個卦上的陽爻不少於 k 個。題目要證明的是：這 n 個卦中每一卦都有一個陽爻，使 n 個陽爻分布在不同的爻位上（爻數 $m \geq n$）。

我們用數學歸納法證明：

當 $n = 1$ 時，只有一個卦，卦中至少有一個陽爻，這個陽爻不管在哪一個爻位上，結論都成立。

假定對所有小於 n 個卦的情形，結論都成立，下面證明：對 n 個卦時結論也成立。分兩種情形討論：

（1）如果存在 k 個卦（$k < n$），它們的陽爻個數恰有 k 個，由歸納假定，這 k 爻恰好分布 k 個卦中不同的爻位上。現在把剩下的 i 卦加進來（$i < n$），共 n 卦。由題設 n 卦中每卦至少有一個陽爻，陽爻的總數不少於 n 個，由於前 k 卦中只有 k 個陽爻，所以後面的 i 卦中陽爻的個數不少於 $n - k = i$，這 i 個陽爻中任何一個都不可能在原來的 k 個爻位上。因 $i < n$，再根據歸納假設，這 i 個卦中也恰好有 i 個陽爻分布在 i 卦中與前 k 個爻不同的爻位上。

（2）如果對任意的 $k < n$，k 個卦上的陽爻總數大於 k。

先去掉 1 卦（此卦所代表的小伙子與卦中某一陽爻所

代表的姑娘先結伴去跳舞），剩下的 $n-1$ 卦仍滿足題設條件：因為任意的 k 卦上陽爻的個數不少於 $k+1$ 個，除了其中 1 個可能已經與去掉那一卦所代表的小伙子先去跳舞以外，仍不少於 k 位。所以符合題設條件。但 $n-1 < n$，由歸納假設，這 $n-1$ 個卦中一定有 $n-1$ 個陽爻分布在 $n-1$ 個與已去掉的那個陽爻不同的爻位上。

56. 給定一凸 n 面體（$n \geq 5$），每個頂點恰好引出 3 條棱。有兩人在玩下面的遊戲，每人都在一個尚未簽名的界面上寫下自己的名字，誰先把自己的名字簽在具有公共頂點的三個界面上，誰就算贏。證明，先寫者總有取勝的策略。（1978 年羅馬尼亞數學奧林匹克試題）

證 這裡要用到關於凸多面體的歐拉定理：

一個凸多面體的頂點數 V、棱數 E、面數 F 之間滿足關係式：

$$V + F - E = 2$$

首先證明：給定的凸多面體至少有一個界面不是三角形。

用反證法，設它的每一個界面都是三角形，因為每個界面有 3 條棱，每條棱同屬於兩個界面，所以多面體有 $\dfrac{3n}{2}$ 條棱，又因為每個界面有 3 個頂點，每個頂點同時在 3 個界面上，所以多面體恰有 n 個頂點。即在歐拉公式中，有：

$$V = n，F = n，E = \frac{3n}{2}$$

代入歐拉公式即得：

$$n + n - \frac{3n}{2} = 2$$

得 $n = 4$，與 $n \geq 5$ 矛盾。

所以，凸多面體至少有一個面是四邊以上的凸多邊形。不妨設有一個界面是四邊形，用「四象」標出與這個有四邊的界面相鄰的（有一條公共棱的）4 個界面，如圖 4-78 所示：

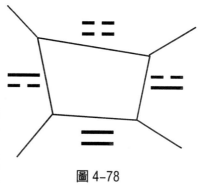

圖 4-78

先寫者甲應首先把名簽在這個四邊形界面內。後寫者簽名後最多能佔住「四象」中一象所佔的界面。不妨設乙佔住了「☷」所在的界面。則第二輪簽名時，甲可簽在與「☷」相對的「☰」所在面上。後寫者乙不管如何簽名，只能佔住「☵」與「☲」兩者中的一個界面。若乙佔了「☵」，則甲在第三輪 簽名於「☲」所在界面而獲勝；若乙佔了「☲」所在的面，則甲在第三輪簽名於「☵」所在的面而獲勝。

如果凸多面體有一個多於四邊的界面，則更容易類似地證明。

57. 在平面上給定一個 n 個點的集合 M，其中任意三點不共線。兩個端點在集合 M 中的每條線段都標上一個數 +1 和 -1，而且標上 -1 的線段個數為 m。如果頂點都在 M 中的三角形的三邊上的數之乘積為 -1，則三角形稱為負的。證明，負三角形的個數與乘積 nm 同奇偶。（1978 年

羅馬尼亞數學奧林匹克試題）

證　把標有 +1 的線段標以陽爻「—」，標上 -1 的線段標以陰爻「--」。把每一個三角形三邊上的爻按「同性相乘得陽，異性相乘得陰」的辦法相乘，則對於負三角形將對應一個陰爻。再把所有三角形對應的爻乘起來，設得到陰爻的三角形有 k 個，則這個乘積為陽爻，當 k 為偶數時；這個乘積為陰爻，當 k 為奇數時，這個乘積為陽爻。

但另一方面，由於每一條線段要在 $n-2$ 個三角形上出現（因為每一條線段都可以和其餘的 $n-2$ 個點構成一個三角形）。所以每一個陰爻要在乘積中出現 $n-2$ 次，今有 m 個線段有陰爻，故在乘積中陰爻共出現 $m(n-2)$ 次。因此，如果 $m(n-2)$ 為偶數，則乘積為陽爻；若 $m(n-2)$ 為奇數，則乘積為陰爻。

綜合兩種情況知 k 與 $m(n-2n)$ 同奇偶，但是 $m(n-2)=mn-2m$，與 mn 同奇偶。所以 k 與 mn 同奇偶。即對應乘積為陰爻的三角形的個數與 mn 有相同的奇偶性。

58. 由 5 人組成一個公司，其中任意 3 個人總有 2 人彼此認識，也總有 2 人彼此不認識。證明：這 5 人可以圍桌而坐，使得相鄰的人彼此認識。（1978 年保加利亞數學奧林匹克試題）

證　如圖 4-79，我們用一個三爻卦來表示 3 個人互相認識的關係，一個爻是陽爻，表示此爻與它上面一爻（第三爻上面一爻循環到第一爻）互相認識，若一個爻為陰爻，則表示此爻與其上面一爻不認識。依題意，5 人中任

何 3 人既不能組成坤卦 ☷，也不
能組成乾卦 ☰，必為圖4–79中
兩卦之一。

圖 4–79

　　所以，任何一個人都不能同
時與其餘4人中的3人認識。事實上，此人認識的3人無
論組成上述兩卦中哪一種，我們把此人換掉上述兩卦中的
第三爻，則第二爻必須變為陽爻，於是：

與任何3人不能組成乾卦 ☰ 相矛盾。

　　同理可證，任何一個人也不能與其餘4人中的3人不
認識。

　　所以，任何人對其餘4人恰有2人認識，2人不認識。
不妨設這5人為①②③④⑤，①認識②③，但不認識④⑤。

　　現在來造5個5爻的卦：第 i 卦第 j 爻用陽爻，若 i 與
j 認識（約定 i 與 i 不認識）；用陰爻，若 i 與 j 不認識。
顯然，這5個卦中，每一卦都恰有兩個陽爻，三個陰爻；
每一爻位上也恰有兩個陽爻，三個陰爻。因此，造出的5
個卦，只能如圖4–80所示：

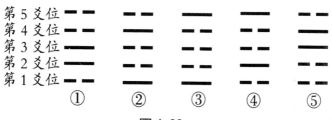

第5爻位
第4爻位
第3爻位
第2爻位
第1爻位
　　　　　①　　　②　　　③　　　④　　　⑤

圖 4–80

於是，下面圖 4-81 的坐法就符合題目要求：

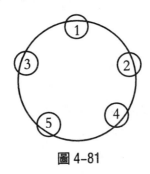

圖 4-81

59. 在某個國家，任意兩個城市之間用下列交通工具之一進行聯絡：汽車、火車、飛機。已知沒有一個城市同時擁有這三種交通工具，並且不存在這樣三個城市，其中任意兩個在聯絡時都用同一種交通工具。這個國家最多有多少個城市？（1981 年保加利亞和美國數學奧林匹克試題）

解 最多有 4 個城市。

D	•••	•••	– –	×
C	•••	•••	×	– –
B	—	×	•••	•••
A	×	—	•••	•••
	A	B	C	D

圖 4-82

我們先證明 4 個城市可有符合條件的交通網。如圖 4-82，用 *A*、*B*、*C*、*D* 代表 4 個城市。用太玄圖的「—」、「--」、「---」分別代表汽車、火車和飛機三種

交通工具：

下面證明：對 5 個城市沒有符合條件的交通網。由題設條件，在圖 4–83 的任一列上，沒有三格的符號完全不同。下面證明，也沒有三個符號能完全相同。事實上，不妨設有：

	A	B	C	D	E
E					×
D	—			×	
C	—		×		
B	—	×			
A	×	—	—	—	

圖 4–83

由 B、C、D 之間不能再有符號「—」。若 B、C 之間用「--」聯絡，則 B、D 之間也只有用「--」聯絡，否則 B 將出現 3 種不同的符號。對 C 與 D 之間有同樣的結論，也只能用「--」聯絡，從而得出圖 4–84：

	A	B	C	D	E
E					×
D	—	--	--	--	
C	—	--	×	--	
B	—	×	--	--	
A	×	—	—	—	

圖 4–84

由圖 4-84 看出，B、C、D 之間都只用「--」聯絡，與題設矛盾。這個矛盾證明了：任一列上不能有 3 個相同的符號。

由此可知，圖 4-84 每一列上恰有兩種不同符號，每一種恰有 2 個。由於對稱關係，每種符號都成 4 的倍

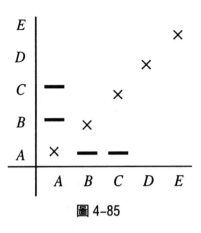

圖 4-85

數出現。由於表中總共具有 $5 \times 4 = 20$ 個符號，三種符號中必有一種只出現 4 個，不妨設為「一」。並設「一」在 A 列上有兩個，且在 A 列上 B、C 位置（圖 4-85），根據已證的結論，B 列、C 列上都必須再有一個符號「一」，與一共只有 4 個「一」矛盾。

60. 大廳中聚會了 100 個客人，他們中每個人都與其餘 99 人中的至少 66 人相識。證明：能夠出現這種情況：這些客人中，任何 4 人組裡一定有兩人互不相識（我們假定，所有的熟人都是彼此相識的，亦即如果 A 認識 B，則 B 也認識 A）。（1966～1967 年波蘭數學奧林匹克試題）

解 將 100 位客人依次編號為 1，2，……，100。對每一位客人 i，造一個卦 i；若 i 與 j 不認識，則第 i 卦第 j 爻用陽爻；若 i 與 j 認識，則第 i 卦第 j 爻用陰爻（i 與 i 本人也當做不認識），於是就得到 100 個 100 爻的卦。

如果出現如圖 4-86 所示的情況，那麼 4 人中必有兩人

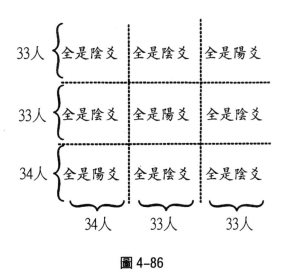

33人	全是陰爻	全是陰爻	全是陽爻
33人	全是陰爻	全是陽爻	全是陰爻
34人	全是陽爻	全是陰爻	全是陰爻
	34人	33人	33人

圖 4-86

互不認識。

因為如圖 4-86 所示，100 人中分成了三組，第一組中有 34 人，第二、三組中分別有 33 人。同組中的人都互相不認識，不同組的都互相認識。任何兩組中都不少於 66 人，所以每個人認識的人都不會少於 66 人。

任何 4 人至少有兩人落於同組之中，這兩人就互相不認識。

61. 有一所房子裡有 9 人，其中任意 3 人中至少有 2 人互相認識。證明：其中存在 4 人，他們兩兩認識。（1977 年波蘭數學奧林匹克試題）

證 在 9 人中任取 1 人，例如 A，若其餘 8 人中有 6 人與 A 互相認識，則類似第 47 題的證法可知，一定有 4 個人互相認識。

若與 *A* 認識的人不多於 4 人，則至少有 4 人與 *A* 不認識，則這 4 人必須互相認識。否則若其中有兩人互不認識，他們將與 *A* 3 人互不相識，與題設矛盾。

　　若 9 人中每人認識的人都恰好是 5 人，則可造 9 個 9 爻的卦，若第 *i* 人與第 *j* 人互相認識，則第 *i* 卦的第 *j* 爻用陽爻，同樣地，第 *j* 卦第 *i* 爻也用陽爻（*i*, *j* = 1, 2, ……9）；若 *i* 與 *j* 不認識（*i* 與 *i* 也看作為不認識），則第 *i* 卦的 *j* 爻（第 *j* 卦第 *i* 爻）用陰爻。這樣，每個卦都恰好有 5 個陽爻，共有 5 × 9 = 45 個陽爻。

　　但陽爻是兩兩配對的，即第 *i* 卦第 *j* 爻與第 *j* 卦第 *i* 爻兩兩配對，總個數必是偶數。這個矛盾證明了這種情況不會出現。因此，與每個人認識的人或者多於 5 個，或者少於 5 個，從而使結論成立。

　　62. 在平面上有一無限大的方格棋盤，上面擺好了一些棋子，它們恰好組成一個 3 × *k* 的矩形。按下述的規則進行遊戲：每一枚棋子都可越過（沿水平方向或豎直方向）相鄰的棋子，放進緊挨著這枚相鄰棋子的空格裡，並把相鄰棋子從棋盤上拿走。證明：不論怎樣走，棋盤上都不會恰好剩下一枚棋子。（1982 年波蘭數學奧林匹克試題）

　　解　如圖 4-87，把每一個方格都依次標上太玄圖的 3 種符號之一：

　　這樣，就把一個無限大的棋盤分成了 3 個集合，其中不同符號表示不同集合所包含的方格。不難看到，每走一步，例如從「—」開始越過與它相鄰的「--」（或「---」）跳

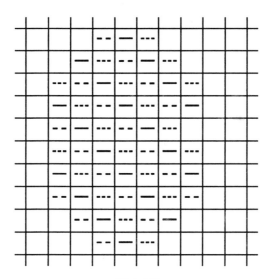

圖 4-87

到「---」（或「--」），於是「—」中的棋子跳到「---」中去了，「--」中的棋子將被取下，所以「—」與「--」中的棋子數將減少 1 個，而「---」中的棋子數將增加 1 個。所以 3 種集合裡棋子數的奇偶性都改變 1 次。但是開始時棋子恰好填滿一個 $3 \times k$ 的矩形，3 種集合的棋子數各為 k 枚，它們的奇偶性是相同的。不管跳若干次，始終會保持其奇偶性相同。如果在走了若干步之後，棋盤上恰好只剩下一枚棋子，則有兩個集合中的棋子數為偶數，另一個集合中的棋子數為奇數，這種結局是不可能出現的。

63. n 元集有多少個不同的不相交子集對？（1973 年捷克數學奧林匹克試題）

解 設（A、B）是兩個不相交的子集對，分兩種情況

討論：

（1）若 A、B 的次序不同算不同的子集對，即（A、B）$\neq$（B、A）。

（2）若 A、B 的次序不同算相同的子集對，即（A、B）$=$（B、A）。

先考慮（1）的情況：

設 A、B 是兩個不相交子集對，C 是 n 元集中去掉 A、B 的元素後所成之集，將原集合的元素依次編號為 1，2，……，n。對每一個元素作三爻卦，若元素 i 屬於 A，則下爻用陽爻，中爻、上爻用陰爻；若元素 i 屬於 B，則中爻用陽爻，其餘上、下爻用陰爻；若 i 屬於 C，則上爻用陽爻，其餘兩爻用陰爻。於是每一個元素 i 都對應 3 個三爻卦之一：

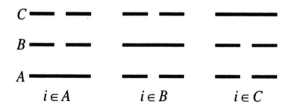

對 n 個元素就有 3^n 個卦，對每一個 3^n 卦組決定一對不相交子集。因此不同的不相交有序對子集的總數為 3^n（包括其中一對由兩個空集組成）。

（2）如果子集對 (A, B) 與 (B, A) 只算相同的一對，則（1）中 3^n 對除一對空集外，其餘 $3^n - 1$ 應除以 2，即得 $\dfrac{3^n - 1}{2}$ 個無序子集對，每對至少有一個非空子集。於

是無序子集對的總數為 $\dfrac{3^n-1}{2}+1 = \dfrac{3^n-1}{2}$ 個。

64. 在直線上給定 n 個不同的點 $A_1, A_2, \cdots\cdots A_n$，$n \geqslant 4$．用 4 種顏色給這些點染色，每一個點染一種顏色，而且 4 種顏色都用上。證明：直線上必有一線段，它含有 4 種顏色的點，其中兩種顏色的點各恰有一個，另兩種顏色的點各至少有一個。（1977 年捷克數學奧林匹克試題）

解 n 個點按從左自右的位置排列依次是 $A_1, A_2, \cdots\cdots A_n$．

在每一種顏色的點下依次分別放下四象「＝，⚎，⚏，⚋」之一。假定在 A_i 點下第一個出現「四象」的全部，則 A_i 與它前面的點 $A_{i-1}, A_{i-2}, \cdots\cdots A_2, A_1$ 的象都不相同（圖 4-88）。

再從 A_i 向左往回數，假定到 A_j 點第一個出現「四象」的全部，則 A_j 與 $A_{j+1}, A_{j+2}, \cdots\cdots A_{i-1}, A_i$ 的象都不相同。

線段 $A_j A_i$ 即合所求。

因為 A_j，A_i 兩點的象都不同，且各只有一點。A_j 與 A_i 之間的點都具有另兩種不同的象。

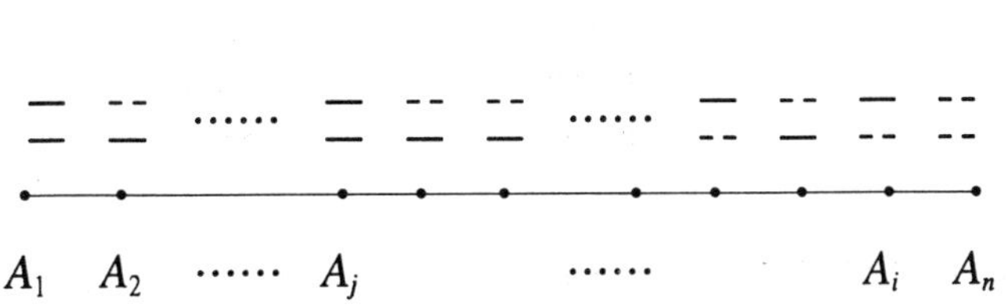

圖 4-88

65. 在 8×8 的國際象棋盤上的第一行放上 8 枚白子，在第八行上放上 8 枚黑子，每格 1 子。按下列規則進行遊戲：白方先走，黑白雙方輪流沿豎列走自己一方的子。每一步可讓棋子沿著豎列前進或後退一格或若干格，既不能從棋盤上取下棋子，也不准把棋子放進對方

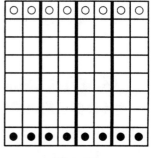

圖 4-89

已佔據的方格或者越過對方棋子。誰最先不能再走誰就算輸。證明：後走的黑方總能獲勝。（1974 年南斯拉夫數學奧林匹克試題）

證明 如圖 4-89 中粗線所示，把 8×8 的棋盤劃分為 4 個 2×8 的豎條，若黑方迫使白方在每個豎條裡都無路可走，則白方在整個棋盤上也無路可走。故只要考慮在一個豎條內的取勝策略即可。

我們用一個 8 爻卦表示移動棋子的規律。

A

B

A 卦的陽爻在上，表示前進 4 格；*B* 卦的陽爻在下，表示後退 6 格。前進的卦稱為進卦，後退的卦稱為退卦。

若白方在某一豎條內的一列上使用進卦，則黑方在同一豎條內的另一列上使用同一進卦；若白方在某一豎條內的一列上使用退卦，則黑方在同一列上使用該卦的復卦（倒轉過來的卦，為進卦）。因此，不管白方怎麼走，黑方永遠有子可動，而且黑方每次都是前進。因每列上的格數有限，經若干步走子後，白方必在此豎條的兩列上都無路可走。

66. 按任意的次序把 4 個 1 和 5 個 0 寫在圓周上，並進行如下操作：在兩個相等的數之間寫上 0，在兩個不等的數之間寫下 1，然後把原來的數去掉。證明：無論進行多少次操作之後都不能得到 9 個 0。（1975 年南斯拉夫數學奧林匹克試題）

證 用陽爻表示 0，用陰爻表示 1，把兩個相鄰的爻按照「同性相乘得陽，異性相乘得陰」的乘法相乘，用 9 個乘積代替原來的 9 個爻，即相當於一次操作。

如果在第 n 輪操作時得到了 9 個陽爻，則在第 $n-1$ 輪中所得的 9 個爻都必須同性，或者都是陽爻，或者都是陰爻。

如果都是陰爻，則在第 $n-2$ 輪中，每兩個相鄰的爻都必須異性，即必須陰、陽相間，但這是不可能的，因為總爻數是奇數。

如果都是陽爻，則可對第 $n-1$ 輪進行同樣的討論。即第 $n-2$ 輪操作的結果或者全為陽爻，或者全為陰爻。如果同為陰爻，同樣引出矛盾。如果同為陽爻，又可對第 $n-2$

輪操作結果進行同樣的討論。於是經過有限次倒推，必然或出現都為陰爻而導致矛盾；或導致一開始就是9個陽爻而與假設矛盾。

這個矛盾就證明了無論進行多少次操作都不能得到9個0。

注：本題實際上可推廣為一般性命題：設 n 為奇數，將 n 個1和0（1和0都實際出現）任意排在圓周上，由類似的操作不能得到 n 個0。參看第54題。

67. 在一團體中，任意兩個彼此認識的人都沒有共同的熟人。而任意兩個彼此不認識的人都恰巧有兩個共同的熟人。證明：該團體中每個人認識的人數都相同。（1975年南斯拉夫數學奧林匹克試題）

證 設這個團體中有 n 個人，構造 n 個 n 爻的卦：

第 i 卦的第 j 爻用陽爻，如果第 i 個人與第 j 個人認識；第 i 卦的第 j 爻用陰爻，如果第 i 人與第 j 人不認識。用 a_{ij} 表示第 i 卦第 j 爻，題設條件之一是：不存在 i, j, k，使得 a_{ij}, a_{ik}, a_{jk} 從而 a_{ji}, a_{ki}, a_{kj} 同為陽爻。即不存在形如圖4-90所示的那樣的3個卦。

條件之二是：若 a_{ij} 與 a_{ji} 是陰爻，則有 k 和 l，使 a_{ik} 與 a_{jk}，a_{il} 與 a_{jl}（相應地 a_{ki} 與 a_{kj}，a_{li} 與

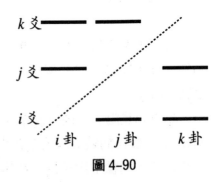

圖4-90

a_{lj}）都是陽爻。即存在圖 4-91 那樣的卦。

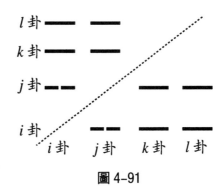

圖 4-91

結論要證明：每一個卦中都有相同個數的陽爻。

分兩種情況證明：

（1）如果 a_{ij}（從而 a_{ji}）是陽爻，證明第 i 卦和 j 卦必有相同個數的陽爻。

設第 i 卦上除 a_{ij} 為陽爻外，還有另一陽爻 a_{ik}，則由條件 a_{jk} 為陰爻。於是有另外一個數 l 存在，使 a_{kl} 與 a_{jl} 為陽爻（即因 k 與 j 不認識，故 k 與 j 有兩個共同的熟人，除 i 外，另一個設為 l，故 a_{kl} 與 a_{jl} 為陽爻）。再由條件只有 a_{il} 為陰爻。但已有 a_{ij}，a_{lj} 與 a_{ik}，a_{lk} 為陽爻，故不再存在 t，使 a_{it} 與 a_{lt} 為陽爻（即 i 與 l 必不認識，他們有兩個共同熟人，但已有 j，k 是他們共同熟人，故不能再有共同熟人 t）。所以 i 卦若有陽爻 a_{ik}，則 j 卦有陽爻 a_{jl} 與之對應。若 i 卦還有陽爻 a_{it}，則 a_{jt} 為陰爻。又有 s 存在，使 a_{ts}，a_{js} 為陽爻。因為 a_{lt} 為陰爻，所以 $s \neq l$。即對於 i 卦上另一陽爻 a_{it}，j 卦上又有另一陽爻 a_{js}（不是 a_{jl}）與 i 對應。如此繼續，知 i 卦上的陽爻個數不能超過 j 卦上的陽爻個數；同理，對稱地知道，j 卦上陽爻的個數也不超過 i 卦上陽爻的個數。因而 i 卦與 j 卦的陽爻個數相等。

如果 a_{ij} 為陰爻，則有另一個數 l，使 a_{il} 與 a_{jl} 為陽

爻。由前已證，i 卦與 l 卦有相同個數的陽爻；j 卦與 l 卦也有相同個數的陽爻。因此 i 卦與 j 卦的陽爻個數也相等，即都等於 l 卦的陽爻個數。

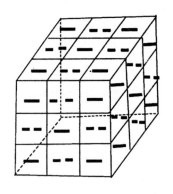

圖 4-92

68. 一隻老鼠偷吃棱長為 3，並被切成 27 塊單位立方體的立方體奶酪。當老鼠吃完了某一小立方塊後，就再吃相鄰的（有公共側面）另一個小立方塊。問這隻老鼠能吃遍除正中央那個立方塊之外的全部立方塊嗎？（1981 年南斯拉夫數學奧林匹克試題）

解 不能。

如圖 4-92，把 26 個外面的小立方塊，每一個上都貼上一個陽爻或一個陰爻。如果一個小立方體中恰有 2 個面在大立方體的表面，則貼上一個陰爻；如果一個小立方體有 1 個或 3 個面在大立方體的表面，則貼上陽爻。易知，陰爻一共有 12 個，陽爻一共有 14 個。

任何兩個相鄰的面，必然是一個貼有陽爻，一個貼有陰爻。老鼠吃立方塊的順序只能由陽到陰，由陰到陽。如果老鼠能把 26 塊小立方塊全部吃完，貼上陽爻和陰爻的小方塊必須一樣多，即各為 13 塊，這是不可能的。所以老鼠不可能偷吃完所有的 26 個小立方塊。

69. 在方格紙上任意標出 n 個方格。證明：其中有不

少於 $\dfrac{n}{4}$ 個方格，它們兩兩不相鄰（所謂兩個方格相鄰，是指它們有公共邊）。

（1975 年南斯拉夫數學奧林匹克試題）

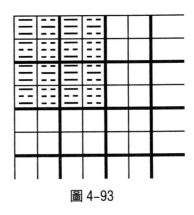

圖 4-93

證 把方格紙劃分成一些 2×2 個方格組成的正方形，每個正方形內有 4 個小方格，分別用乾 ☰、坤 ☷、坎 ☵、離 ☲ 4 卦標出。☰、☷ 放在一對角，☵、☲ 放另一對角，如圖 4-93。

非常明顯，相同的卦所在的方格必不相鄰。另一方面，任意標出 n 個方格，總有某卦所在的方格不少於 $\dfrac{n}{4}$ 個。不然的話，方格的總數就會小於：

$$4 \times \dfrac{n}{4} = n$$

與方格的取法矛盾。

70. 在 8×8 的國際象棋棋盤上的棋子「海豚星」每一步只能向上、向右或向左下方走一個方格（圖 4-94）。「海豚星」能否從棋盤的左下角的方格上出發，走遍所有方格，並且每個方格恰好經過一

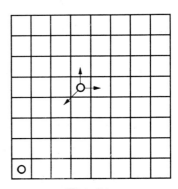

圖 4-94

次。（1983 年南斯拉夫數學奧林匹克試題）

解 我們像圖 4-95 那樣，分別在 8 × 8 個方格中（除左下角一個外）放下一些太玄圖的「一」、「二」、「三」。（三只用空格表示）。

圖 4-95

不難看到，「海豚星」從「一」只能走到「二」，從「二」只能走到「三」，從「三」只能走到「一」。所以「海豚星」從左下角出發後，只能按下面的路線前進：

一、二、三；一、二、三；……

「海豚星」如能走遍除左下角以外的 63 格而不走重複路線，則這 63 格一定有一個辦法把它分為 63 ÷ 3 = 21 組，使每組恰有「一」、「二」、「三」各一個。因而「三」應有 21 個，但實際上，「三」（空格）只有 20 個。這個矛盾證明了「海豚」不能按要求走遍 63 格。

71. 將一個 1 × n 的長方形區域上的 n 個方格依次編號為 1, …… n。在編號為 n -2，n -1，n 的方格裡各放一枚棋子。有兩個人在玩下面的遊戲：每個人每走一步都可把其中任意一枚棋子移動到編號較小的任一空格裡。誰先無法走就算輸。證明：誰先走誰就會贏。（1983 年南斯拉夫數學奧林匹克試題）

證 如圖4-96，除第一格外，將其餘 $n-1$ 格依次填上陽爻和陰爻，並且緊鄰的兩個陽爻和陰爻（陽爻在前）分為一組：

圖 4-96

最後3格必有2格能配成一組，先走者只要把未能配成一組的那枚棋子第一步就移動到第一格，這枚棋子就不能再走動。就只剩下同一組中兩枚棋子的局面。下一步不管對手把棋子移到哪一格，先行者只要把另一枚棋子移動到與對手所移動棋子佔住的那一格配對的另一格上。每組中有陰陽二格，對手佔住陰爻格，則先行者佔據剩下的陽爻格；對手佔住陽爻格，則先行者佔據另一陰爻格。每次至少使一個分組再不能放子。分組最多有 $\left[\dfrac{n-1}{2}\right]$ 組，是有限的。對手最後必然無處放子。而先行者只要對手還有地方走子，則一定也有地方走子，故先行者必勝。

四、英美等國數學奧林匹克試題選解

美國早在1938年就舉辦了普特南數學競賽，當年在美國哈佛大學舉行，以後即由上屆奪魁的大學承辦下屆的比

賽，其中除 1943 年～1945 年因「二戰」停辦三年以外，每年一屆，迄今已舉行了 60 餘屆，參賽對象是大學一、二年級學生，每年都有數百所大學，數千名學生參加。歷年來積累了大量好試題。美國的中學生數學奧林匹克起步較晚，1972 年開始舉辦全國性的數學奧林匹克活動，每年一屆，近年來成績突出，有後來居上之勢。

其它西方國家數學奧林匹克運動亦非常活躍，特別值得一提的是加拿大，該國除了每年舉行一屆全國數學奧林匹克外，還出版了一本名叫「*Crux Mathematicorum*」的雜誌，專門收集介紹各國數學奧林匹克試題，影響較大。

72. n 名選手參加循環比賽，每兩人比賽一場，分出勝負，沒有平局。證明：以下兩種情況恰有一種發生：

（1）可將選手分為兩個非空集合，使得一個集合中的一名選手戰勝過另一個集合中的每一名選手。

（2）所有選手可以標上 1 至 n，使得第 i 名選手戰勝第 $i+1$ 名，在模 n 的意義下〔即 $n+1 \equiv 1 \pmod{n}$〕。
（1958 年美國普特南第 19 屆競賽試題）

解 如圖 4-97，用一個有 k（$1 \leq i \leq n$）個陽爻的乾卦＊表示：在比賽中，1 戰勝了 2，2 戰勝 3，……$k-1$ 戰勝 k，k 戰勝 1。

如果 $k=n$，則（2）已經成立。

如果 $k<n$，那麼所有像（＊）表示那樣的全陽卦可能有若干個，但其

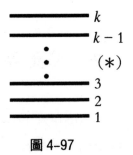

圖 4-97

中必有一個陽爻最多的卦。不妨假定（*）就是那個陽爻最多的卦。

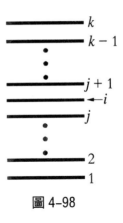

圖 4-98

剩下的 $n-k$ 名選手中，任一名選手要嘛勝了（*）中所有的選手，要嘛負於（*）中所有的選手。

不然的話，如果其中有某選手 i，勝了（*）中的 $j+1$，而負於 j，則可在（*）中第 j 爻和 $j+1$ 爻之間再插進一個陽爻，與（*）陽爻最多相矛盾（圖 4-98）。

於是我們把剩下的選手分為兩類：負於（*）卦中所有選手的選手用陰爻表示置於（*）卦的上方，記作 A；所有戰勝（*）中全部選手的選手用陰爻表示，置於（*）卦的下方，記作 B。如圖 4-99 得一個將 k 爻卦（*）上下擴張為 n 爻的卦。

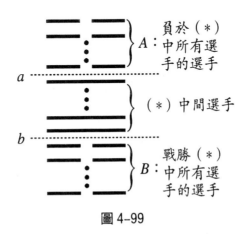

圖 4-99

容易證明：A 中任一選手 a 都必負於 B 中任一選手 b。否則，若有 a 勝 b，則可將 a 移到 A 的最下方，b 移到 B 的最上方（用虛線表示處）並改為陽爻，就得到一個滿足條件（$*$），但比（$*$）卦還多 2 個陽爻的卦，與（$*$）的假設矛盾。

兩條虛線的每一條都把圖 4-99 所示的卦分成兩部分，A、B 兩部分至少有一個非空。若 A 非空，則虛線 a 把全卦分成 A 和（$*$）$+B$ 兩部分，（$*$）$+B$ 中任一選手勝 A 中任一選手，條件（1）成立。

若 B 非空，則虛線 b 把全卦分成 $A+$（$*$）和 B，B 中任一選手戰勝 $A+$（$*$）中任一選手，仍有條件（1）成立。

這道題可以表述成：

n 個人參加循環賽，每兩人都要比賽一場，沒有平局。證明：一定可以把這 n 個人編號為 $a_1, a_2, \cdots\cdots a_n$，使 a_i 勝 a_{i+1}（$i = 1, 2, \cdots\cdots n-1$）.

可用數學歸納法證明：一定可以用一個 n 個陽爻的卦來表示 n 個選手，使得上面的一爻被緊鄰其下的一爻戰勝。

當 $n = 2$，必有一勝一負，結論顯然成立。

假定在 $n = k$ 時，結論成立。

則當 $n = k+1$ 時，根據歸納假定，可以從中去掉一個 a_{k+1}，使得其餘的 k 個選手表示成圖 4-100。

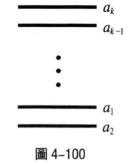

圖 4-100

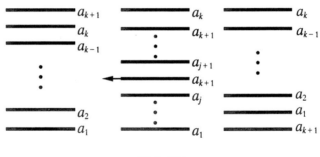

圖 4-101

現在考慮 a_{k+1}，從 a_1 往上數，若 a_{k+1} 負於 a_1，負於 a_2，……負於 a_k，則將 a_{k+1} 置於 a_k 之上。若 a_{k+1} 負於 a_1，負於 a_2，……負於 a_j，但勝 a_{j+1}（$j = 1, 2$……），則將 a_{k+1} 置於 a_j 與 a_{j+1} 之間。若 a_{k+1} 勝 a_1，則將 a_{k+1} 置於 a_1 之下（圖 4-101）。不管哪種情況，都可以把 $k+1$ 個選手用一個 $k+1$ 爻的全陽卦表示，使得從下到上依次戰勝上面的對手。

73. 如圖 4-102，一個 3×7 的矩形中有 21 個邊長為 1 的小方格，把這些小方格都任意染上黑色或白色。求證：在圖上一定可以找到一個由小方格組成的矩形，它的四角處的小方格同色。（1976 年美國第五屆數學奧林匹克試題）

證 在各小方格內分別放上陽爻和陰爻，令陽爻代表白色，陰爻代表黑色，就是一種塗色方式。這時每一列的 3 爻

圖 4-102

都構成八經卦中的一個卦：

現在分 3 種情況討論：

（1）若其中有坤卦 ☷，則只要還有 ☳，☴，☶，☵中任何一卦，結論成立（圖 4-103）：

圖 4-103

若其中再無 ☳，☴，☶，☵ 4 卦之一。則其餘 6 卦都是乾卦或 3 個二陽爻卦，必有兩卦相同，這相同兩卦為邊的矩形即滿足題目結論。

（2）若其中有一乾卦 ☰，可類似（1）地證明。

（3）若 7 卦中既無乾卦，也無坤卦，則只有 6 種卦型，必有兩卦相同，這兩卦為邊的矩形即滿足結論。

綜上所述，本題結論成立。

註：本題原來的試題為 4×7 方格棋盤，條件較強，更容易證明一些。

74. 9 位數學家在一次國際會議上相遇，其中任意三人中，至少有二人會說同一種語言。如果每位數學家最多只能說三種語言，試證明：至少有三位科學家能用同一種語言交談（1978 年美國第七屆數學奧林匹克試題）

證 用反證法。假設沒有任何 3 人能用同一種語言交談，即每種語言最多有 2 人能講。用一個陽爻表示第一位科學家，凡與他能交談的也用陽爻表示，把這些陽爻組成一卦，最多是一個 4 陽爻卦，記為 A。

用一個陰爻表示不能與第一人交談的某位科學家（不少於 5 位），凡與此人能交談的都用陰爻表示，把這些陰爻組成一卦，根據反設，最多又組成一個 4 陰爻的卦 B。將 A 與 B 重疊起來，最多得到一個 8 爻的卦（A 與 B 的第二、第三、第四爻可能有相同的科學家），這個卦最多能表示 8 個人，第 9 個人既不能用陽爻也不能用陰爻，即①⑤⑨三位科學家中沒有任何兩人能夠交談，與題設矛盾。故反設不能成立，必有 3 人能講同一種語言。

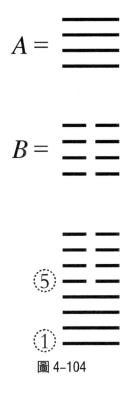

$A = $

$B = $

⑤

①

圖 4-104

75. 在擲硬幣所得的結果序列中，可以數出一個反面繼一個正面（記為「反正」）的次數；一個正面繼一個正面（記為「正正」）的次數；一個正面繼一個反面（記為「正反」）的次數；一個反面繼一個反面（記為「反反」）的次數。例如：擲硬幣 15 次的結果序列為：

正正反反正正正正反正正反反反反（15 次）

其中有 5 個「正正」，3 個「正反」，
2 個「反正」，4 個「反反」。

今擲硬幣 15 次，有多少種不同的結果序列，使它們都恰好有 2 個「正正」，3 個「正反」，4 個「反正」和 5 個「反反」？
（1986 年美國邀請賽試題）

圖 4-105

解 用陽爻表示正面，陰爻表示反面，即可將「正正」、「正反」、「反正」、「反反」看成四象，把 15 次投擲的序列看成一個 15 爻卦。

由於「反正」比「正反」多一個，卦的最下方必從陰爻開始，畫出一個由 4 個「☶」疊成的 8 爻卦（圖 4-105）：

在這個 8 爻卦中，恰好有 4 個「☶」（反正）和 3 個「☳」（正反）。現在任意在陽爻下插進陽爻、或在陰爻下插進陰爻，都不會改變「☶」與「☳」的個數，只增加「☰」（正正）與「☷」（反反）的個數。把 2 個陽爻插在 4 個陽爻之下，有 $C_{4+2-1}^2 = C_5^2 = 10$ 種方法，把 5 個陰爻插進 4 個陰爻之下有 $C_{4+5-1}^5 = C_8^5 = 56$ 種方法。因此，把 2 個陽爻和 5 個陰爻同時插入的方法就有 $10 \times 56 = 560$ 種。故有 560 個不同的 15 爻卦符合條件，即本題的答案為：有 560 種序列。

注：在本題中，我們用到了一個重複組合公式：

從 n 個元素中不計順序可以重複地選取 r 個元素的方法稱為從 n 個元素中取 r 個的重複組合。

從 n 個元素中取 r 的重複組合數為 C_{n+r-1}^r.

例如，在本題中，我們要把 2 個新加陽爻放在 4 個原陽爻之下。可以這樣來做，先在 4 個原陽爻中任取一個，在其下放下 1 個新加陽爻；再在 4 個原陽爻中任取一個，在其下放下另 1 個新加陽爻。就相當於在 4 個元素中取 2 個的可重複組合，所以共有 $C_{4+2-1}^2 = C_5^2$ 種方式。

圖 4-106

現在我們來證明重複組合數的公式：

用 r 個陽爻和 $n-1$ 個陰爻任意作成一個卦（圖 4-106 中取 $r=5$，$n=4$），

3 個陰爻相當於把全卦分成了 4 段，在第 1 段中有 2 個陽爻，第 2 段有 0 個陽爻，第 3 段中 1 個陽爻，第 4 段中有 2 個陽爻。它相當於在 4 個元素中取 5 個的可重複組合。即第 1 個元素取 2 次（第 1 段中 2 個陽爻），第 2 個元素未取（第 2 段中無陽爻），第 3 個元素取 1 次（第 3 段中 1 個陽爻），第 4 個元素取 2 個（第 4 段中 2 個陽爻）。

這種可重複組合的個數就是有 3 個陰爻的 8 爻卦的個數。這種 8 爻卦由 3 個陰爻的位置決定，所以有 $C_8^3 = C_8^5 = C_{4+5-1}^5$ 個。

把 4、5 換成 n，r，即為 C_{n+r-1}^r．

76. 某地區網球俱樂部的 20 名成員舉行了 14 場單打比賽，每人至少上場一次。求證：必有 6 場比賽，其 12 個參賽者各不相同。（1989 年美國第 18 屆數學奧林匹克試

題）

  證 按下法造 20 個 20 爻的卦：第 i 卦的第 j 爻用陽爻，如果第 i 名運動員與第 j 名運動員進行了一場比賽；第 i 卦的第 j 爻用陰爻，如果第 i 名運動員未與第 j 名運動員比賽。

  題設每一個卦中至少有一個陽爻，且陽爻的總個數為 $14 \times 2 = 28$（因一場比賽牽涉到兩名運動員，即第 i 卦第 j 爻為陽爻，則第 j 卦第 i 爻也為陽爻，把這樣的兩個陽爻稱為對偶陽爻），即有 14 對對偶陽爻。

  題目要證的結論是：可以找到 6 對對偶陽爻，它們分布在 12 個不同的卦中 12 個不同的爻位上。

  設第 i 卦中陽爻的個數為 d_i（$d_i \geqq 1$），在每一卦中都把 $d_i - 1$ 個陽爻改成陰爻，20 個卦中陽爻減少的個數為：

$$\sum_{i=1}^{20} (d_i - 1) = \sum_{i=2}^{20} d_i - 20 = 28 - 20 = 8.$$

  考察這 8 個被改為陰爻的陽爻中，若有某爻的對偶陽爻沒有被改變為陰爻，則將其繼續改變為陰爻。這樣最多可能還要把 8 個陽爻改為陰爻。最多可能去掉 $8 + 8 = 16$ 個陽爻。

  於是在這 20 個卦中，至少還剩下 $28 - 16 = 12$ 個陽爻，它們兩兩對偶成為 6 對。如果這 12 個剩下的陽爻中有兩個在同一爻位上，例如是第 i 卦的 j 爻和第 k 卦的 j 爻，則它們的對偶陽爻是第 j 卦的 i 爻和第 j 卦的第 k 爻，於是在第 j 卦中還至少有 2 個陽爻，與每卦中最多只剩下 1 個陽爻（因卦中原有 d_i 個陽爻，已把其中 d_{i-1} 個改為陰爻）矛

盾。即 6 對陽爻在不同的爻位上。

77. 在一塊 $m \times n$ 方格的紙片上，兩人玩劃掉小方格的遊戲。操作規則如下：

操作者在方格紙上任選一個格點，例如 B 點，從 B 向右劃一條平行於 OM 的直線，交 MN 於 Q。過 B 向上劃一條平行於 OP 的直線交 PN 於 R，然後把矩形 $BQNR$ 中的小方格全部去掉，如圖 4-107。去掉的方格是打陰影的那些小方格，用虛線包圍的矩形 $ASNT$ 中的小方格表示先操作者從 A 劃線時早去掉了。誰劃掉最後一個方格的為負。

問在整個遊戲中，有多少種不同的劃法。（1992 年美國數學邀請賽試題）

解 這個問題也可以換一種方式來敘述：

一枚棋子在 $m \times n$ 的方格棋盤上從 $O(0,0)$ 走到 N (m,n)，但棋子只能沿方格的邊界線向右或向上前進，

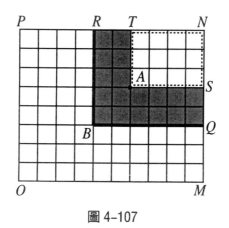

圖 4-107

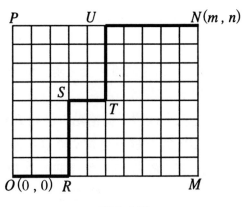

圖 4-108

如圖 4-108 中的折線 *ORSTUN* 所示，不得向下或向左。問有多少種不同的路線？

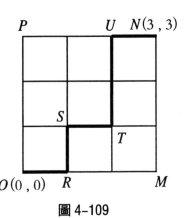

圖 4-109

為方便計，我們取 $m = n = 3$ 的情況，對任意的 m, n 結論是完全一樣的。

如圖 4-109，設 *ORSTUN* 是一條路線，在這條路線中，必有 3 段是橫的（向右），3 段是縱的（向上），我們用陽爻「—」表橫向線段，陰爻「- -」表縱向線段，依次排列起來，就得到一個 3 陽爻 3 陰爻的易卦 ䷗。顯然，3 陽爻的易卦與路線之間可建立一一對應。因為 3 陽爻的易卦有 C_6^3 種，所以從 O（0，0）到 N（3，3）的路線有 C_6^3 種。

完全類似的，從 O（0，0）到 N（m，n）的路線有 C_{m+n}^m

種。

78. 已知一組球，每個球染成紅色或藍色，每色至少有一個球，每個球重 1 磅或 2 磅，每種重量至少有一個球。證明：必有兩個球具有不同的重量和不同的顏色。（1970 年加拿大數學奧林匹克試題）

證 假設共有 n 個球，我們來造兩個 n 爻的卦：

第一個卦 A：若第一個球是紅色的，則 A 的第一爻為陽爻，若第二個球為藍色的，則第二爻為陰爻，等等，照此類推。因為每種顏色的球都至少有一個，故可假定 A 的最下兩爻是一陽一陰：

第二個卦 B：按 A 中球的順序，若第 i 個球重 1 磅，則 B 的第 i 爻取陽爻；若第 i 個球重 2 磅，則 B 的第 i 爻取陰爻。於是 B 卦的最下兩爻不外乎「四象」之一：

若有

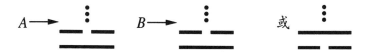

則第 1、第 2 兩號球即符合題設要求。

若是

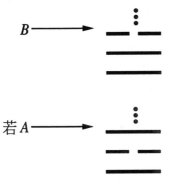

不妨礙一般性，不妨設是 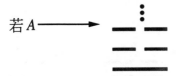 。

因為至少有一個 2 磅的球，B 中至少有一個陰爻，不妨設

則第 2、第 3 兩號球即符合題設要求。

則第 1、3 兩號球符合題設要求。

79. 任給 5 個正整數，必能從中選出 3 個，使得它們的和能被 3 整除，試證明之。（1970 年加拿大第二屆數學奧林匹克試題）

證 任何一個正整數 n 都可以用若干個乾卦 ☰ 和 {☷, ☳, ☱} 三卦中的某一卦表示，使得這些卦中陽爻的個數之和恰為 n。例如：21，17，4 等數就可用圖 4-110 中的卦組分別表示。

把最後一卦稱為該數的「餘卦」。例如 21 的餘卦是 ☳。要在 5 個數中選出 3 個使它們的和能被 3 整除，只要這三個數的餘卦中陽爻的個數是 3 的倍數即可。

如果 5 個數的餘卦中有某一卦出現 3 個，那麼這 3 個相同的卦陽爻的個數必為 0，3，6，即必是 3 的倍數。如果沒有 3 個的餘卦相同，則 ☷，☳，☱ 都會出現，它們恰有 3 個陽爻。所以，不管哪種情況，都能從 5 個正整數中選出 3 個，使其和能被 3 整除。

註：這個問題可以作如下的推廣：

任給 n 個正整數，證明：一定可以從其中選出若干個，使其和能被 n 整除。

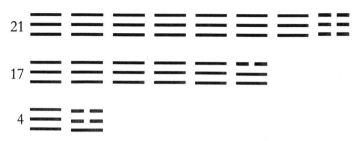

圖 4-110

不妨礙一般性，我們對 $n=6$ 來證明。對於一般的 n，證法是完全一樣的。

記這 6 個數分別為，a_1，a_2，a_3，a_4，a_5，a_6。作 6 個合數：a_1，a_1+a_2，$a_1+a_2+a_3$，$a_1+a_2+a_3+a_4$，$a_1+a_2+a_3+a_4+a_5$，$a_1+a_2+a_3+a_4+a_5+a_6$.

我們把這 6 個數中的每一個用若干個六爻的乾卦 ䷀ 和一個餘卦表示，使這些卦的陽爻個數恰好等於該數，作為餘卦的 6 個卦是：

若 6 個數中有一個數的餘卦是坤卦 ䷁，這個數就是 6 的倍數。若 6 個數的餘卦都不是坤卦 ䷁，則必有兩個數的餘卦相同，這兩個數的差就是 6 的倍數。但它們的差恰好是 a_1，a_2，a_3，a_4，a_5，a_6 中的若干項之和，故命題得證。

對於一般的正整數 n，要用 n 個陽爻的乾卦，並且餘卦有 n 個，它們分別有 $0,1,2,\cdots\cdots n-1$ 個陽爻。

80. 假定 n 個人恰好各知道一個消息，而所有 n 個消息都不相同。每次「A」打電話給「B」，「A」都把所知道的一切告訴「B」，而「B」卻不告訴「A」什麼消息。為了使各人都知道一切消息，求所有需要兩人之間通話的最少次數。證明你的答案是正確的。（1971 年加拿大第三

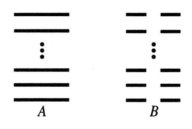

圖 4-111

解 用 $A_1, A_2, \cdots\cdots A_n$ 代表這 n 個人。

考慮圖 4-111 的兩個 $n{-}1$ 爻的乾卦和坤卦：

這兩個卦是這樣造出的，對 $A_1, A_2, \cdots\cdots A_{n-1}$ 而言，若 A_i 向某人發出了一次電話，則 A 卦的第 i 爻用陽爻，若 A_i 收到某人一次電話，則在 B 卦中的第 i 個爻位畫一陰爻。

$A_1, A_2, \cdots\cdots A_{n-1}$ 要把自己的消息傳出去，每人至少要向外發話一次，故 A 卦必能作出。同樣地，$A_1, A_2, \cdots\cdots A_{n-1}$ 要想得到任何除自己掌握的信息以外的信息，至少要收到一次電話，故 B 卦也必能作出。兩卦共有 $2(n-1) = 2n-2$ 爻，即通話不能少於 $2n-2$ 次。

另一方面，如果 A 卦的電話都通向 A_n，則在 A 卦成卦以後，A_n 已掌握全部信息。令 B 卦的電話都是 A_n 在 A 已成卦之後發出的，則 $A_1, A_2, \cdots\cdots A_{n-1}$ 都能從 A_n 的電話中知道全部信息。所以有 $2n-2$ 次通話就足夠了。

因此，本題的答案是 $2n-2$ 次。

81. 在某次競選運動中，各個政黨共做出 P 種不同的

諾言（$P > 0$），某些政黨可以做出一些相
同的諾言，任何兩黨都至少有一種共同諾
言，但沒有兩黨做出全部相同的諾言。證
明：政黨的個數不多於 2^{P-1}。（1972 年加
拿大第四屆數學奧林匹克試題）

A

圖 4-112

　　證　把 P 種不同諾言順次編號為 1，2，
……P，我們把每一個政黨的競選綱領用一
個 P 爻卦來表示：

　　若某政黨承諾第 i 個諾言，則卦中第 i 爻用陽爻；若該
政黨未承諾第 i 個諾言，則卦中第 i 爻用陰爻。例如，若
$P = 6$，某政黨 A 做出第一、第三、第五個諾言，未提出第
二、第四、第六個諾言，則 A 的卦為圖 4-112 所示。

　　因為任何兩個政黨都至少有一種共同的承諾，所以 A
的旁通卦（即將 A 的所有爻都改變為相反的爻所得的新
卦）A′ 不能作為另一政黨的綱領（圖 4-113）。

　　所以，有一半的 P 爻卦不能代表任何政黨的競選綱
領，而 P 爻卦一共有 2^P 個，所以可做為競選綱領的卦不多
於 2^{P-1} 個。

　　但另一方面，因為任何
兩個政黨的諾言都不完全相
同，每一個政黨都需要一個
不同的卦來代表其綱領，故
政黨不能多於 2^{P-1} 個。

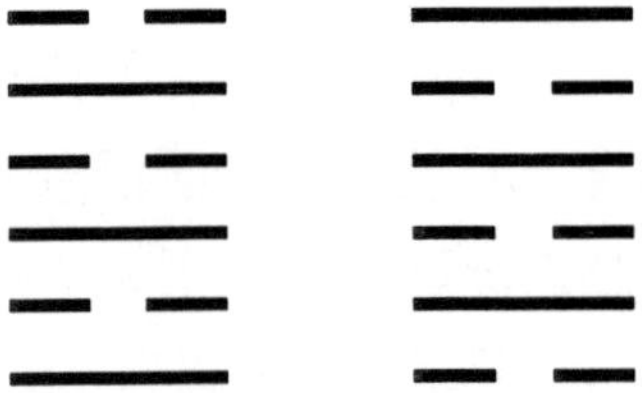

A　　　　　　A′

（兩卦無同位陽爻）

圖 4-113

　　82. 一位主人請了 n 位
客人，主人事先在一張有 n

個座位的圓桌上放上了各位客人的名片，讓客人們對號入座。但客人沒有注意，便隨便入座，當他們都坐下來後，才發現沒有一個人是坐在自己的名片前的座位上的。證明：可以轉動圓桌使得至少有兩個客人可以對號入座。

（1975年加拿大第七屆數學奧林匹克試題）

證 我們把 n 位客人按其在桌上名片的順序依次編號為 $1, 2, \cdots\cdots n$。為每一位客人造一個 n 爻的一陽卦，造法如下：

若第 i 位客人 A_i 坐在第 j 位上，則 A_i 卦的第 j 爻用陽爻，其餘各爻都用陰爻。顯然這 n 個陽爻都應分布在不同的爻位上，把這 n 個 n 爻卦排在一起，然後把每一爻位逐次向上移動一個爻位，即第一爻移到第二爻，第二爻移到第三爻，……第 n 爻循環到第一爻（這相當於把圓桌轉動了一個坐位。任何一個卦 A_i 總可以通過不超過 $n-1$ 次轉動使它的陽爻到達第 i 爻位，（即能對號入座）。如圖4-114所示。

設 A_i 的陽爻在第 j 爻位，當 $i > j$ 時，只要向上移動

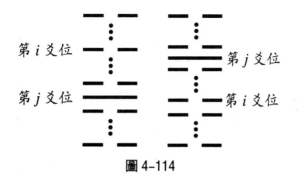

圖 4-114

$i-j$ 次就使 A_i 的陽爻達第 i 爻位。當 $j > i$，則移動 $n-j$ 次後，陽爻到達第 n 爻位，再移動 i 次後，即到達第 i 爻位，共移動 $n-j+i$，因 $j > i$，$n-j+i \leqslant n-1$.

所以只要上移 $n-1$ 次（即轉動 $n-1$ 次）就一定能使所有客人都有一次對號入座的機會。但客人有 n 個，只移動 $n-1$ 次，必有一次 2 人都得到對號入座的機會。

83. 矩形城市的「棋盤街道」恰好有 m 段長和 n 段寬（見圖 4-115）。一個婦女住在城市的西南角，工作在東北角，她每天步行去工作，但是在任何一次行程上，她確信她的路線不包含任何交叉點兩次。證明：她所採取的路線數目 $f(m, n)$ 滿足 $f(m, n) \leqslant 2^{mn}$。（1977 年加拿大第九屆數學奧林匹克試題）

解 因為圖 4-115 中共有 mn 個方格，將其任意編為 1, 2, ……mn 號。如圖 4-116，這位婦女步行的任何一條路線都把 mn 個方格分成兩個部分，一部分在路線的上方，一部分在路線的下方：

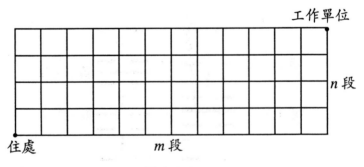

圖 4-115

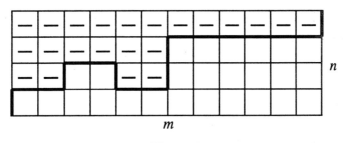

圖 4-116

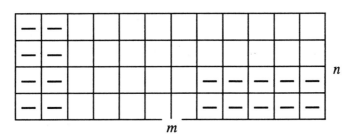

圖 4-117

現在造一個 mn 爻的卦 A，如圖 4-116 所示，若編號為 i 的方格在路線的上方，則 A 卦的 i 爻為陽爻；若方格在路線的下方，則 A 卦的第 i 爻為陰爻。這樣每一條路線就將對應一個 mn 爻的卦，但是反過來，一個 mn 爻的卦 B，不一定能按 B 的爻畫出一條路線，例如圖 4-117，就不對應任何一條路線。

所以路線數明顯地小於卦數。

因為 mn 爻的卦共有 2^{mn} 個，所以路線的數目 $f(m, n) \leqslant 2^{mn}$。

84. 11 個劇團參加匯演。每天都排定其中某些劇團演

出，其餘劇團則加入觀眾之列。匯演結束時，每個劇團除了自己的演出日外，至少觀看過每個其它劇團的一次演出。問這樣的演出至少要安排幾天？（1981 年加拿大第 13 屆數學奧林匹克）

解　安排 6 天匯演就可以了。

我們先證明安排 6 天是足夠的，看下列 11 個卦：

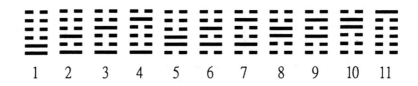

其中若某卦第 i 爻（$i=1,2,3,4,5,6$）是陽爻，表示相應的劇團在第 i 天演出，若第 j 爻是陰爻，表示該劇團在第 j 天不演出等等。如劇團 1 在第一、第二兩天演出，其它各天不演出。易見如上 11 卦所示的安排能使每個劇團都參加演出並能至少看到其它每個劇團的一次演出。

再證安排 5 天匯演是不夠的。這時我們需要研究 11 個 5 爻卦的製造方案。

如果一個卦 A 的所有陽爻都包含在卦 B 的陽爻之中，則記 B 包含 A，記作 $A \subset B$。顯然 11 個劇團對應的卦不允許有包含關係。例如圖 4-118 中的 A、B 兩卦，$A \subset B$：

$$A = \qquad B =$$

圖 4-118

那麼劇團 A 上演的兩天，劇團 B 也在上演，所以劇團 B 就不可能看到劇團 A 上演。下面證明：5 爻卦中至多有 10 個互不包含的卦。

若有一個一陽卦▦，則要去掉 4 個包含它的二陽卦▦，▦，▦，▦。而有一個二陽卦如▦，只去掉兩個被它包含的一陽卦▦，▦。故互不包含的卦最多時不應有一陽卦。根據對稱關係（取旁通卦）也不應該包含有四陽卦。

若有一個五陽卦，則所有的卦均被包含，更不能使互不包含的卦最多。所以也不應有五陽卦。

有一個二陽卦，例如▦，將去掉包含它的 3 個三陽卦▦，▦，▦。但增加一個三陽卦，例如▦，同樣要去掉被它包含的 3 個二陽卦：▦，▦，▦。根據對稱關係，當互不包含的卦最多時，只要全是二陽卦就可以了。因為二陽的 5 爻卦一共有 $C_5^2 = 10$ 個。所以互不包含的 5 爻卦最多只有 10 個。

11 個 5 爻的卦至少要有兩個互相包含，設 $A \subset B$，則劇團 B 看不到劇團 A 的演出。

85. 在集合 S 的元素之間引進關係「→」：（1）對任意兩個元素 a, $b \in S$，要嘛 $a \to b$，要嘛 $b \to a$，恰有一個成立；（2）對任意三個元素 a, b, $c \in S$，如果 $a \to b$，$b \to c$，則 $c \to a$。集合 S 中最多能有多少個元素？（1972 年英國數學奧林匹克試題）

解　類似第 58 題的做法，我們用爻位循環的一個三爻卦表示 S 中的 3 個元素。

若某爻是陽爻，則它所代表的元素「→」其上面一爻所代表的元素（第三爻的上面一爻即循環為第一爻），若某爻為陰爻，則它上面一爻所代表的元素「→」它所代表的元素。

則可以證明：對 S 中任意 3 個元素都只能構成乾卦 ☰ 或坤卦 ☷，而不可能構成下面六卦之一：

事實上，如有 ☳，

則 $a \to b$，$a \to c$，$c \to b$，由後二式推出 $b \to a$，與 $a \to b$ 矛盾。

根據循環，☷，☶ 與 ☳ 的結構是一樣的，只不過字母有所變化而已，如對於 ☶：

$b \to a$，$b \to c$，$a \to c$，由第一和第三兩個式子推出 $c \to b$，與 $b \to c$ 矛盾。

對於 ☱（根據循環，同樣地對 ☴，☲），有：$a \to c$，$a \to b$，$b \to c$，由後二式推出 $c \to a$ 與 $a \to c$ 矛盾。

故 S 中任意 3 個元素，都只能構成乾卦 ☰ 或坤卦 ☷，即對任意 $a, b, c \in S$，只能有：

$a \to b$，$b \to c$，$c \to a$

現在，若 S 中有 4 個或 4 個以上的元素，設為 a, b, c, d，則 a 對 b, c, d 3 個元素而言，或者至少有兩個 b 和 c，使：

$a \to b$，$a \to c$

或者至少有兩個 b, c，使：

$b \rightarrow a$, $c \rightarrow a$

都與上面已證明的結論矛盾。故 S 中最多可以有 3 個元素 a , b , c。且 $a \rightarrow b$, $b \rightarrow c$, $c \rightarrow a$。顯然這樣的集合 S 滿足題設的全部條件。

86. 一個有 10 人參加的會議,在他們當中任何 3 個人裡至少有 2 人互相認識。證明:其中必有 4 人他們兩兩互相認識。(1980 年英國數學奧林匹克試題)

證 在 10 人中任取一人 A,對 A 分兩種情況討論:

(1)若其餘 9 人中有 6 人與 A 認識,則由第 47 題有已證之結論。這 6 人中一定有 3 人互相認識或者有 3 人互不認識,但由題設知不可能出現有 3 人互不認識的情況,所以一定有 3 人互相認識。

這 3 人與 A 4 人即兩兩互相認識。

(2)若 9 人中沒有 6 人與 A 認識,則至少有 4 人與 A 不認識。則與第 58 題的證法類似,在此 4 人任取 3 人,它們所對應的三爻卦必為一乾卦 ☰。若不為乾卦,則必有一陰爻。如圖 4-119 所示。

因為 C 與 D 不認識,則 A , C , D 3 人彼此互不認識,與假設矛盾。

所以 4 人中任何 3 人都兩兩互相認識,即 4 人兩兩互相認識。

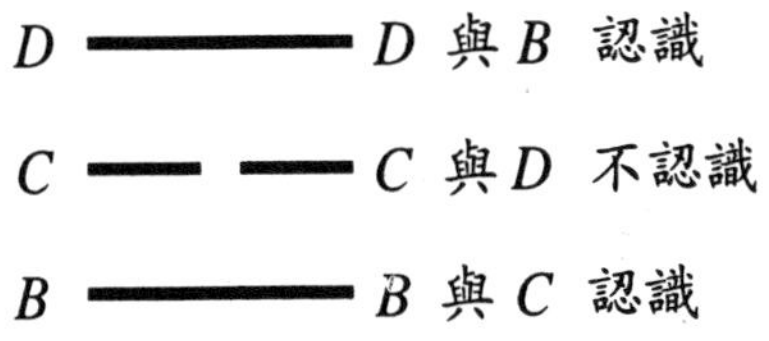

註:第 61 題為本題的加強,在該題中人數減

D ━━━━━━ D 與 B 認識

C ━━━ ━ ━ C 與 D 不認識

B ━━━━━━ B 與 C 認識

圖 4-119

至 9 人。參看第 61 題解法。

87. 有 3 個級別相同的相撲運動員 A、B、C，他們按下面的程序進行決定勝負的比賽：首先 A 與 B 進行比賽，其次 A、B 中的勝者與 C 賽。若 A、B 中的勝者輸了，則 C 再與 A、B 中的負者賽，如此循環，連勝二局者為優勝（假設沒有平局）。若連賽 7 局，尚未能定出勝負，則停止比賽。設 A、B、C 實力相同，即任何二人比賽各人獲勝的概率都是 $\frac{1}{2}$，問第一局中失敗的人（設為 A）獲勝的概率是多少？（1990 年日本數學奧林匹克試題）

解 第一局已有 B 勝 A，以下各局比賽中若 A 獲勝，則記以「━」，若 B 獲勝，由記以「╸╸」，若 C 獲勝，則記以「╴╴╴」。則 A 獲勝有如圖 4-120 所示的兩種可能。

由於每局比賽兩人獲勝的概率都是 $\frac{1}{2}$，所以卦中每一爻都有兩種可能的情況出現，例如也可能出現圖 4-121 那樣的兩個卦。

圖 4-120 中第一種是 3 爻卦，出現的概率為 $\frac{1}{8}$，第二種為 6 爻卦，出現的概率為 $\frac{1}{64}$。所以，A 獲勝的概率為：

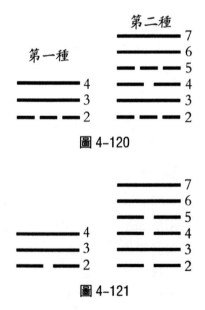

圖 4-120

圖 4-121

$$\frac{1}{8} + \frac{1}{64} = \frac{8}{64} + \frac{1}{64} = \frac{9}{64}$$

88. 長為 14，寬為 10 的長方形分成邊長為 1 的 140 個小正方形。如圖 4-84，相間地塗以黑白二色，在各小正方形內任意填入 0 或 1，使各行、各列中都有奇數個 1。證明：填在黑色小方格內的 1 一定是偶數個。（1991 年日本數學奧林匹克試題）

證　如圖 4-122，黑色方格或者在奇數行奇數列，或者在偶數行偶數列，將黑格中的一個 1 用一個陽爻「—」表示，再考慮奇數行偶數列中的白格裡的 1，用兩個陽爻「☰」表示。

現在把 5 個奇數橫行的陽爻個數加起來（在有兩個陽爻的格子裡只算上面的一個），因每一橫行中陽爻的個數都是奇數，5 個奇數之和仍為奇數。再把 7 個偶數列上的

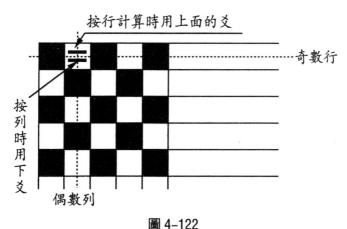

圖 4-122

按行計算時用上面的爻

奇數行

按列時用下爻

偶數列

陽爻數加起來（有兩個陽爻的格只算下面的一個），由於每列上的陽爻數也是奇數個，7個奇數之和仍為奇數。把兩次統計的結果合起來得到一個偶數，記這個偶數為 $2n$。

注意到黑格中的陽爻每個只算了一次，而在白格中的陽爻有兩個，因為白格都位於奇數行偶數列，在計算奇數行和偶數列的陽爻時分別計算了一個，所以白格中的陽爻每格中都計算了兩次（與白格中放的陽爻個數相同），總共計算了偶數 $2m$ 次。在 $2n$ 中減去 $2m$，就得到偶數 $2(n-m)$。因為黑格要嘛在奇數行奇數列，要嘛在偶數行偶數列，統計了奇數行和偶數列上的陽爻，也就包括了表格中的全部陽爻，正好是偶數 $2(n-m)$。所以黑格中 1 的個數必為一個偶數。

五、國際數學奧林匹克試題選解

國際數學奧林匹克，全名為 International Mathematical Olympiad，簡稱 IMO。IMO 是當前國際上規模最大、影響最深，也公認為水準最高的中學生學科競賽活動。

IMO 自 1959 年於羅馬尼亞舉行首屆競賽以來，已舉行 42 屆。原來只有東歐少數幾個國家參加，以後參賽的國家和地區逐年擴大，至今已有七八十個國家和地區參加。

IMO 每年 6 道題，每年世界各國都有不少數學家為 IMO 的命題工作殫精竭慮，費盡心思，編製出不少新穎別致、靈活多樣的試題。

解答 IMO 試題，可以說是對人的思維能力最有效的訓練。由於這些試題一般難度較大，解答的篇幅較多，本書限於篇幅，只挑選了少量題目給予解答。

89. 有 5 個學生 A、B、C、D、E 參加一次競賽。某人猜測結果的名次是 $ABCDE$，但沒有猜中任何名次，也沒有猜中任何一對相鄰名次的順序；另一人猜測的名次是 $DAECB$，這人猜中了兩個名次，還猜對了兩對相鄰名次的順序。求競賽結果的實際名次。（1963 年第五屆國際數學奧林匹克試題）

解 從第二人的猜測知，他猜中的兩個名次必須是相鄰的，否則至多猜中一對名次的順序。猜中的兩個名次只有 4 種可能：DA、AE、EC、CB，下面分別討論。

將 D、A、E、C、B 排成次序，若他所取的實際名次與它的位置相符，則於其下畫一陽爻。在被猜中的一對名次順序下面分別畫陰爻。顯而易見，下列事實成立：

若兩個畫陰爻的名次順序中有一個又畫了陽爻，則另一個也要畫陽爻。因為其中一個畫了陽爻，意味著其名次已經猜對，另一個名次（在前或在後）既必須與他緊鄰，也同時必猜中。

（1）若被猜中的兩個名次是 AE，另一對被猜中的相鄰順序：

若為 DA，則 $D\ A\ E\ C\ B$，從而有 $D\ A\ E\ C\ B$，D、A、E 3 個名次均被猜中，與題設矛盾。

若為 EC，則 $D\ \underline{A}\ \underline{E}\ \underline{C}\ B$，從而有 $D\ \underline{A}\ \underline{E}\ \underline{C}\ B$，

A、E、C 3 個名次均被猜中，仍與題設矛盾。

若為 CB，因 CB 不能調到 A、E 之前，它們四、五名的身份無法改變，故必 $D\ \underline{A}\ \underline{E}\ \underline{C}\ \underline{B}$，將有 A、E、C、B

4 個名次被猜中，矛盾，故猜中的一對名次不可能是 AE。

（2）對稱地可知，被猜中的一對也不可能是 EC。

（3）若猜中的兩個名次是 DA，則：

$$\underline{D}\ \underline{A}\ E\ C\ B$$

由於 E 不能在第三、第五位，C 不能在第三位（否則第一人將猜對一個名次），於是只能有：

$$\underline{D}\ \underline{A}\ \underline{B}\ \underline{E}\ \underline{C}$$

但 AB 與第一人猜的相符，矛盾。故猜中的兩個名次為 DA 亦不成立。

（4）若猜中 CB，即：

$$D\ A\ E\ \underline{C}\ \underline{B}$$

因 A 不能居首，DE 不能相連（否則第一人將有猜中），E 不能居第三，故只有：

$$\underline{E}\ \underline{D}\ \underline{A}\ \underline{C}\ \underline{B}$$

所以，五個名次依次為 E、D、A、C、B。

90. 17 名科學家，每一個都和其餘的人通信。在他們的通訊中，只討論 3 個題目，而且每兩個科學家之間只討論 1 個題目。求證：至少有 3 個科學家相互之間在討論同一個題目。（1964 年第六屆國際中學生數學競賽試題）

解 我們用一個有一個陽爻的三爻卦表示兩個科學家討論某一個題目。例如 ☳ 表示討論第一個題目，☵ 表示討論第二個題目，☶ 表示討論第三個題目。

現在在 17 個人中任取一人 A，A 與其他 16 人對應有 16 個一陽爻的卦，必然某種卦不少於 6 個，比方說 ☵ 卦有 6 個。

在這 6 個與 A 成 ☵ 卦的人中再任選一人 B，B 與其他 5 人又對應有 5 個卦，若 B 與 C 對應 ☵ 卦，則 A、B、C 3 人討論同一題目。

若 B 與另 5 人所成的卦都沒有 ☵ 卦，則只有 ☳ 卦和 ☶ 兩種，必有某種卦有 3 個。不妨設 ☳ 卦有 3 個。

在相應的 3 個人中又兩兩對應一卦，共 3 卦，若有 C、D 2 人也對應 ☳ 卦，則 B、C、D 3 人討論同一個問題。

若 3 人中沒有任何兩人成 ☳ 卦，則 3 人兩兩之間都成 ☶ 卦，於是這 3 人便討論同一問題。

綜上所述，可知 17 人中至少有 3 人在通信中討論同一問題。

91. 一棱柱以五邊形 $A_1 A_2 A_3 A_4 A_5$ 與 $B_1 B_2 B_3 B_4 B_5$ 為上、下底，這兩個多邊形的每一條邊及每一條線段 $A_i B_j$

（$i, j = 1$、2、3、4、5）均塗上紅色或綠色。以每一個棱柱頂點為頂點的，以已知塗色的線段為邊的三角形均有兩條邊顏色不同。證明：上、下底 10 條邊顏色一定相同。

（1979 年第 21 屆國際中學生數學奧林匹克試題）

證　（1）證上底的 5 條邊必同色，考慮圖 4–123 的 4 個 5 爻卦：

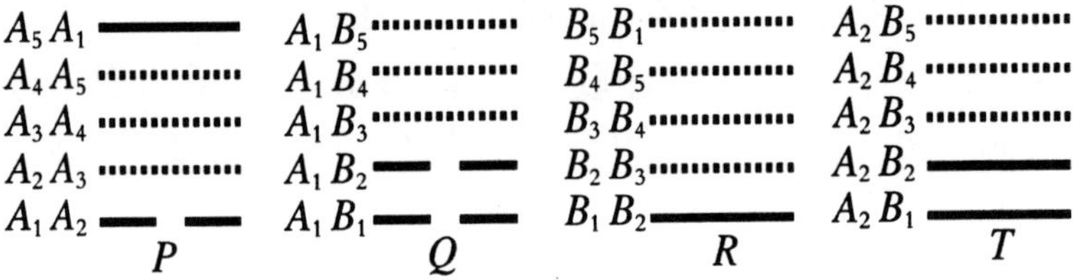

$A_5 A_1$ ——————　$A_1 B_5$ ⋯⋯⋯⋯　$B_5 B_1$ ⋯⋯⋯⋯　$A_2 B_5$ ⋯⋯⋯⋯
$A_4 A_5$ ⋯⋯⋯⋯　$A_1 B_4$ ⋯⋯⋯⋯　$B_4 B_5$ ⋯⋯⋯⋯　$A_2 B_4$ ——————
$A_3 A_4$ ⋯⋯⋯⋯　$A_1 B_3$ ⋯⋯⋯⋯　$B_3 B_4$ ——————　$A_2 B_3$ ——————
$A_2 A_3$ ⋯⋯⋯⋯　$A_1 B_2$ —— ——　$B_2 B_3$ ——————　$A_2 B_2$ ——————
$A_1 A_2$ —— ——　$A_1 B_1$ ——————　$B_1 B_2$ —— ——　$A_2 B_1$ ——————
　　　　P　　　　　　Q　　　　　　R　　　　　　T

圖 4–123

P 卦中：上底的邊 $A_i A_{i+1}$（$i = 1$、2、3、4、5）為紅色則第 i 爻為陽爻，為綠色則第 i 爻為陰爻。

Q 卦中：$A_1 B_i$（$i = 1$、2、3、4、5）為紅色，則第 i 爻為陽爻，為綠色則第 i 爻為陰爻。T 卦同此。

R 卦中：下底的邊 $B_i B_{i+1}$（$i = 1$、2、3、4、5）為紅色，則第 i 爻為陽爻，為綠色則用陰爻。

Q 卦至少有 3 個爻同性，3 個同性爻中，必有兩個相鄰（B_5 認為與 B_1 是相鄰頂點），故可設其一、二爻為陰爻。

P 卦中所有爻若不完全同性，必有兩爻相鄰而且異性，不妨設第一爻為陰爻，第五爻為陽爻，其中用虛線表示的爻爻性待定。

R 卦中因 $\triangle A_1 B_1 B_2$ 的三邊不能全同色，因 $A_1 B_1$，$A_1 B_2$ 已同為陰爻，故第一爻 $B_1 B_2$ 必為陽爻。

T 卦中因 $\triangle A_1 A_2 B_1$ 的三邊不能全同色，因 $A_1 A_2$，$A_1 B_1$ 己為陰爻，故第一爻 $A_2 B_1$ 必為陽爻，同理第二爻也為陽爻。

即得如圖的 4 卦，T 卦的第一、第二爻，R 卦的第一爻均為陽爻，意味著 $\triangle B_1 B_2 A_2$ 三邊均為紅色，矛盾。

這就證明了，上底 5 邊必須同色。同理，下底 5 邊也必須同色。

（2）證上、下底 10 條邊都同色。

如圖 4–124，若上、下底 10 條邊不同色，仍不妨設：

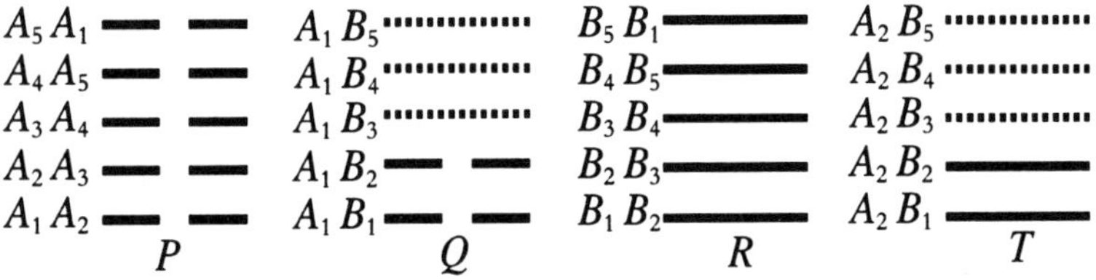

圖 4–124

仍導出有同色三角形 $\triangle A_2 B_1 B_2$，與假設矛盾，故上、下底 10 邊也同色。

92. n 為正整數。整數 k 與 n 互素，$0 < k < n$．集 $M = \{1, 2, \cdots\cdots n-1\}$，$n \geq 3$。今將 M 中每一個數都染上藍或白兩種顏色中的一種，使得：

（1）對 M 中每一個 i，i 與 $n-i$ 同色；

（2）對 M 中的每一個 i，$i \neq k$，i 與 $|k-i|$ 同色。

求證：M 中所有的數都同色。（1985 年第 26 屆國際

中學生數學奧林匹克試題）

證　我們造一個 $n-1$ 爻的卦 M：若集合 M 中的數 i 染的是藍色，則卦 M 的第 i 爻用陽爻；若數 i 染的是白色，則卦 M 的第 i 爻用陰爻。不妨礙一般性，可設 M 的第一爻為陽爻。

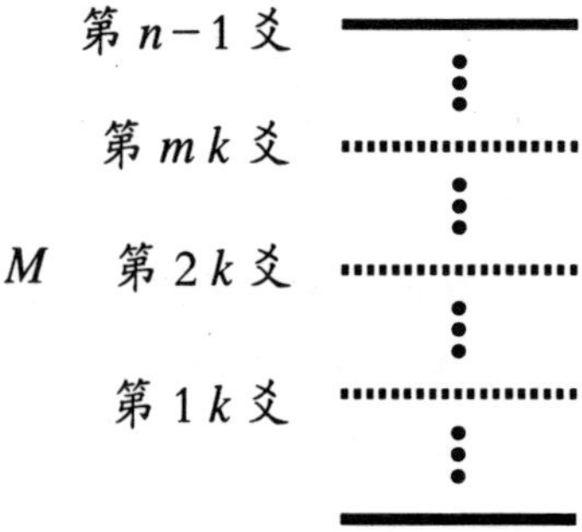

第 n−1 爻
第 mk 爻
M
第 2k 爻
第 1k 爻

（虛線表示爻性待定）

圖 4-125

由（1）知，M 是一個自復的卦（即第 1 爻與 $n-1$ 爻同性；第 2 爻與 $n-2$ 爻同性……等等）。要證明，M 是一個全陽的卦（圖 4-125）。

根據染色規則，若兩個爻的爻位相差 k 的倍數，則兩個數同色，因而兩個爻同性。事實上，因 $mk+i$ 與 $|k-(mk+i)|$ 同色，而 $|k-(mk+i)|=(mk+i)-k=(m-1)k+i$，所以，$mk+i$ 與 $(m-1)k+i$ 同色，與 $(m-2)k+i$ 同色，……與 $k+i$ 同色，……與 i 同色。

因此，若 $n=mk+r, 1\leqslant r\leqslant k-1$（因 n, k 互素，所以 $r\neq 0$，易知 k, r 也互素），則 M 卦可以分成 m 個 k 爻卦和一個 r 爻卦。m 個 k 爻卦是相同的。換言之，M 卦是由 m 個 k 爻卦相重疊，再加上該 k 爻卦的最下 r 個爻於其上而成的。所以，要證 M 卦的所有爻都是陽爻，只要證明最下面的 k 個爻都是陽爻就行了。

再注意到，k 與 $n-k$ 同色，$n=mk+r$，因為 $n-k$ 與 r 相差 k 的倍數，所以 r 與 $n-k$ 同色，從而 r 與 k 同色。r

是小於 k 的數，所以要證明最下面 k 個爻是陽爻，事實上只要證明最下面 $k-1$ 個爻所成的卦 K（圖 4-126）是全陽卦就可以了。

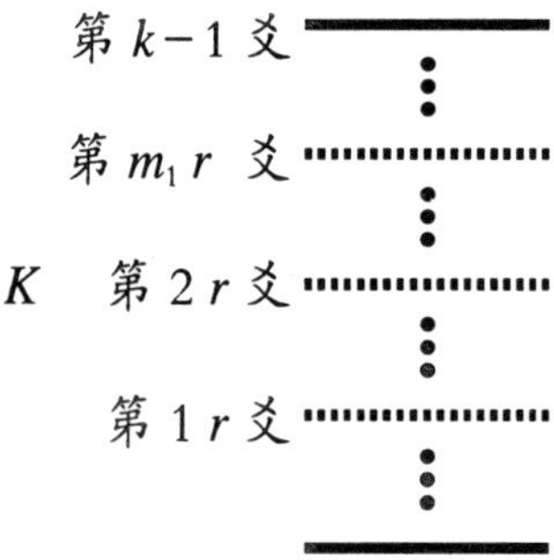

（虛線表示爻性待定）

圖 4-126

下面證明 K 卦與 M 卦具有完全同樣的性質：即 k 與 r 互素，且滿足染色規則（1），（2）。

由規則（2），i 與 $|k-i|$ 同色，因卦 K 中的 i 都小於 k，故 $|k-i|=k-i$，即 i 與 $k-i$ 同色，滿足染色規則（1）。

再看染色規則（2）對 K 是否滿足。

若 $i<r$，則 $|r-i|=r-i$，已證 $r-i$ 與 $mk+(r-i)$ 即 $n-i$ 同色，但由規則（1），$n-i$ 與 i 同色，即 $|r-i|$ 與 i 同色，規則（2）滿足。

若 $i>r$，則 $|r-i|=i-r$，$i-r$ 與 $|k-(i-r)|=(k+r)-i$ 同色，與 $(mk+r)-i=n-i$ 同色，與 i 同色，故 $|r-i|$ 與 i 同色，規則（2）也成立。

這意味著，用 k 代替 n，r 代替 k，題設的條件完全滿足。要證明 M 的爻都為陽爻，只要證 K 的爻都為陽爻。

同樣地，若 $k=m_1 r+r_1$，則 K 卦可以看成 m_1 個 r 爻卦和它下面的 r_1 個爻重疊而成。對 $r-1$ 爻的卦 R，仍滿足題設的條件。要證 K 卦的爻都是陽爻，只要證 R 卦的爻都是陽爻即可。接下去又要證 r_1-1 爻的卦 R_1 的爻都是陽爻就可

以了。如此繼續下去，最後只要證一個只包含一個爻即原 M 卦的第一爻的卦的所有爻都是陽爻就可以了，這顯然是成立的。

93.❶ 奇偶子集的個數。集合 $A = \{a_1, a_2, \cdots\cdots a_n\}$ 有多少個子集含偶數個元素，有多少個子集含奇數個元素？

解 含偶數個元素的子集與含奇數個元素的子集的個數是相等的，即各有 2^{n-1} 個。

$A = \{a_1, a_2, \cdots\cdots a_n\}$

我們用一個 n 爻的卦來表示 A 的一個子集 B，即若 B 包含 a_1，則卦的第一爻取陽爻；若 B 不包含 a_2，則卦的第二爻取陰爻，如此等等。因此，一個有奇數個元素的子集（簡稱奇集）可用一個有奇數個陽爻的卦（簡稱奇卦）表示，一個有偶數個元素的子集（簡稱偶集）可用一個偶數個陽爻的卦（簡稱偶卦）表示。於是，我們只要證明奇卦和偶卦的個數相等就可以了。現在，我們來建立奇卦與偶卦之間的一一對應。

分兩種情況討論。

當 n 為奇數時（不妨礙一般性，設 $n=7$），令一個卦與它的變卦（也稱旁通卦，即把一個卦的所有爻都改變其爻性所得的卦）對應。由於一個卦與其變卦的陽爻個數之和等於 n，n 為奇數，故一個卦與其變卦陽爻的個數必為一

---

❶ 93～99 題未查明出自哪一國的數學奧林匹克試題，暫時歸類於此，它們並非 IMO 的正式試題。

奇一偶。如圖 4-127 所示。

當 n 為偶數時（不妨礙一般性，取 $n=6$）。用下法建立奇卦與偶卦之間的一一對應。將一個卦改變第 6 爻後得一新卦，將原卦與新卦對應。由於新卦比原卦多一個陽爻或少一個陽爻，兩卦必然一個是奇卦，一個是偶卦。在它們之間建立對應，如圖 4-128：

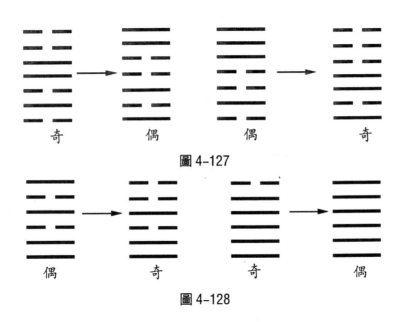

圖 4-127

圖 4-128

不難驗證，兩種映射都是一一對應，所以 A 的偶子集和奇子集的個數是相等的。

註：利用二項式定理，可這樣來證明：

$$(1-1)^n = C_n^0 - C_n^1 + C_n^2 - C_n^3 + \cdots\cdots = 0$$

$$即\ C_n^0 + C_n^2 + \cdots\cdots = C_n^1 + C_n^3 + \cdots\cdots$$

因為 C_n^0 表示空集 ϕ 的個數，C_n^2 表示 n 元集的 2 元子集的個數，C_n^3 表示 n 元集的 3 元子集的個數……由上式知，n 元集的奇子集與偶子集的個數相等。

94. 有 m 個小白球排成一行，從其中任選 n 個球塗成黑色，若每兩個黑球均不能相鄰，問有多少種不同的塗色方法？

解 有 C_{m-n+1}^n 種。

假定有一個已經塗好了色的黑白球序列（圖 4–129）：

○ ● ○ ○ ○ ● ○ ●　　　（1）

圖 4-129

將（1）中的白球換成陽爻「━」，黑球換成陰爻「--」（圖 4–130）：

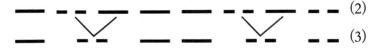

（2）

（3）

圖 4-130

在（2）中，除最後一個陰爻外（這個陰爻後面可能還有陽爻，也可能已沒有陽爻），把每一個陰爻與它後面的陽爻「相乘」，並把所得乘積換掉這兩個爻，乘法則按「同性相乘得陽，異性相乘得陰」的法則進行。換句話說，用一個陰爻換掉一對相鄰的陰爻與陽爻，因為換掉了 $n-1$ 對，去

掉了 $n-1$ 個陽爻，所以就得到一個 $m-(n-1)=m-n+1$ 個爻的序列 （3）。（此處舉例為 $m=8$，$n=3$）

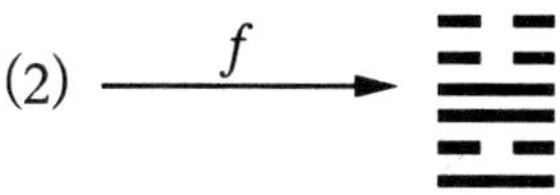

(2) $\xrightarrow{\quad f \quad}$ ䷖

　　將序列（3）中的爻依次從下到上排列，就得到一個有 3 個陽爻的 6 爻易卦（$m-n+1=8-3+1=6$）䷖。所以，我們可以建立一個從序列（2）的集合 A 到易卦集的 3 陰爻子集 B 之間的映射 f：

　　顯然 f 是單射。

　　反過來，對每一個有 3 個陰爻的易卦 ䷖，可將它改寫成（3′）的形式（圖 4-131）：

圖 4-131

　　在（3′）中除最後一個陰爻外，把其餘的每一個陰爻都「分解」成一個陰爻與一個陽爻的乘積，就得到一個有 8 個爻的序列（2′）。

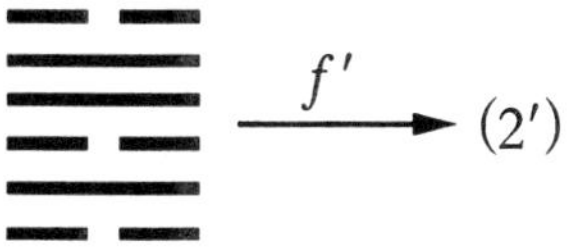

䷀ 型圖示 $\xrightarrow{\quad f' \quad}$ (2′)

　　所以 f 是一一對應。

　　即黑白球序（1）與 $m-n+1$ 爻卦中的 n 陽爻卦之間有一一對應的關係，而這樣的卦有 C_{m-n+1}^{n} 個。

95. 由 6 名學生按照下列條件組織運動隊：

　　（1）每人可以報名參加若干個運動隊；（2）任一運

動隊不能完全包含在另一隊中，也不能與另一隊完全相同。試問在上述條件下，最多能組織多少個運動隊？

解 一個運動隊有幾名學生參加，就用一個有幾個陽爻的卦表示。例如，一個運動隊有第一、第四、第五 3 名學生參加，就用 ䷆ 卦來表示，因此，運動隊與易卦（除坤卦 ䷁ 外）所成之集有一一對應的關係。

今設滿足條件（1）、（2）的運動隊（卦）所成之集合中，隊數最多（即卦數最多）的一個集合是 M。再記 M_i 是 M 中恰有 i 個陽爻的卦所成的子集（$i=1,2,3,4,5,6$）。

如果 M 中有 $i > 3$ 的非空子集 M_i，例如，若 M_4 非空，其中有 4 陽爻卦，例如 ䷰。則將此卦去掉一個陽爻後可得 4 個 3 陽爻卦：

$(*)$

這 4 個 3 爻卦原來都不在 M 中。但另一方面，這些 3 爻卦中的任何一個最多可由 M_4 中 3 個卦去掉一個陽爻得到。例如 ䷦ 只能由：

$(**)$

這 3 個卦去掉一個陽爻而得到。因此在 M_4 中把（**）中的卦去掉，換成（*）中的卦，仍然符合（1）、（2）兩

個條件，但新的集合至少要比 M 多一個卦，與 M 是卦數最多的集合的假設矛盾。

同樣地，如果 M 中有 $i < 3$ 的非空子集 M_i，例如，若 M_2 非空，其中有 2 陽爻卦 ䷗。則將其加上一個陽爻，可得 4 個 3 陽爻卦：

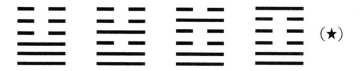

根據條件（2），這 4 個卦都不能包含在 M 中。但另一方面，（★）中的每一個卦，最多可由 M_2 中的 3 個 2 陽卦加一陽爻而得到，例如 ䷗ 卦，只能由這 3 個 2 陽卦加一陽爻而得到。

因此，去掉 M_2 中（★★）內的卦換上（★）中的 4 卦之後，新集合至少比 M 多一個卦。仍然符合條件（1）、（2），與 M 是卦數最多的符合條件（1）、（2）的集的假設矛盾。

因此，M 中只能包含 3 陽爻的卦。3 個陽爻的卦共有 $C_6^3 = 20$ 個，即符合條件（1）、（2）的運動隊最多能有 20 個。

96. 一對夫婦有 5 個兒子。一天父親忽發奇想：每餐吃飯時，全家 7 口人每餐都變動座次地圍坐一張圓桌，使得連續若干餐後，每人都恰好和其他各人相鄰一次。他要怎樣才能實現這個計劃？

解 用坤卦☷代表母親，☰乾卦代表父親，5 個順次有 1，2，3，4，5 個陽爻的卦☳，☶，☵，☱，☴分別代表5個兒子。以母親為中心，其餘 6 個人分成 6÷2＝3 對，每次設法使一對人坐在母親身邊，只要 3 餐飯就可實現父親的計劃。具

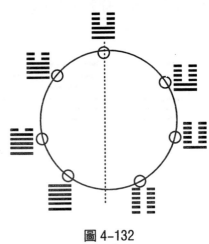

圖 4-132

體的坐法如下：開始時如圖 4-132，以父母之間為分界線，以母親為首按反時針順序排成一行：

$$\begin{array}{ccccccc}
\text{☷} & \text{☴} & \text{☱} & \text{☵} & \text{☶} & \text{☳} & \text{☰} \\
0 & 1 & 2 & 3 & 4 & 5 & 6
\end{array} \quad (1)$$

第二餐令坐在奇數位的人順次移到最後（母親坐於 0 位始終不動），按此次序入座。

$$\begin{array}{ccccccc}
\text{☷} & \text{☱} & \text{☶} & \text{☰} & \text{☴} & \text{☵} & \text{☳} \\
0 & 1 & 2 & 3 & 4 & 5 & 6
\end{array} \quad (2)$$

第三餐再令坐在奇數位的人順次移到最後（母親不

動），按此次序入座，成為：

$$\text{卦}_0 \quad \text{卦}_1 \quad \text{卦}_2 \quad \text{卦}_3 \quad \text{卦}_4 \quad \text{卦}_5 \quad \text{卦}_6 \tag{3}$$

再重複一次類似的調整，就回到第一次入座的位置。在前三次入座中，每個家庭成員恰好與每一個家庭成員相鄰一次。

現在我們來分析為什麼上面的辦法可以達到預期的目的。在開始的坐法（1）時，可以是任意的，但我們用陽爻的個數排了一個序。任取一卦，例如 卦，考慮與它左右相鄰的卦：

左右兩邊卦中陽爻的個數加起來，恰好等於中間一卦的兩倍。我們自然想到，其餘的 4 卦是否也可以兩兩配對，使左右兩邊卦中陽爻之和等於中間卦的兩倍，即 6 個陽爻。這是可以做到的，例如分成：

於是，把 卦 置於 卦 與 卦 中間就是坐法（2）。再從坐（2）到坐法（3），就把 卦 置於 卦 與 卦 之間了。

97. 500 名來自不同國家的代表參加一個國際會議，每個代表都懂得若干種語言。已知，其中任意 3 位代表之間都可進行交談而不需要他人幫助（可能出現 3 人中有 1 人

充當另外兩人的**翻譯**的情況）。證明：可以將這 500 名代表分配住進 250 個房間，使得每個房間裡住的兩個人都可以進行交談。

證 因為在任何 3 名代表中都可以相互交談，無論是相互都能交談，還是有 1 人充當另兩人的翻譯的情況，其中至少有兩人可直接交談，把這兩人分進同一房間後，剩下的代表中任取 3 人，上述結論仍然成立，又可分出兩人住進第二個房間。如此繼續，最後會出現只剩下 4 名代表的情況。

我們考慮「四象」的情況：

我們假定「四象」代表 4 個人，有相同爻性的可以互相交談，沒有相同爻性的不能互相交談。

現在在最後剩下的 4 個人中，「⚌」和「⚏」不能多於兩個，否則，例如有兩個「⚌」和一個「⚏」則此 3 人 ｛⚌，⚌，⚏｝就不能互相交談；同理 3 人 ｛⚌，⚏，⚏｝也不能交談。所以 4 人中至多有兩個 ⚌ 和 ⚏，即 ⚎ 和 ⚍ 至少有 2 個，把此 2 人分別住進兩個不同的房間，另兩個人任意分配進這兩個房間，兩個房間的人都能互相交談。

98. 4 個半徑為 r 的小球放入圓筒 A 中，從上到下依次編號為 1，2，3，4。A 的底面半徑略大於 r。B，C 是與 A 相同的圓筒。將 A 中的球經過 B 單向向 C 中轉移，即不允許從 C 移入 B 或從 B 移入 A。B 中可暫存若干個球，但要遵守「後進先出」的規則。問將全部小球移入 C 後，C 中的

球共有多少種排列方式（圖
4-133）？

解 共有 14 種。

每一個球從 A 管進入 C
管共需 2 步，即從 A 到 B、
從 B 到 C 各 1 步。4 個球共
需 8 步，我們將它編號為
1～8 步。於是我們就可用

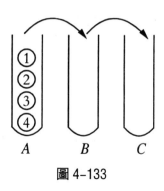

圖 4-133

一個 8 爻卦來描述每個球的轉移：如果某球第 i 步從 A 到
B，第 j 步從 B 到 C（$1 \leq i < j \leq 8$），則用一個第 i, j 兩爻
是陽爻，其餘 6 個爻是陰爻的 8 爻卦表示。例如，如果第
①球的轉移過程是按圖 4-134 進行的：

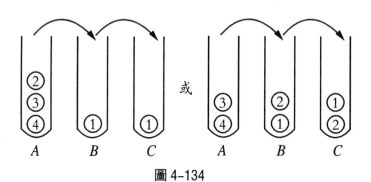

圖 4-134

就分別用圖 4-135 的兩
個卦表示：

在第一卦中，表示第①
球第一步從 A 到 B，第二步
從 B 到 C。在第二卦中表示

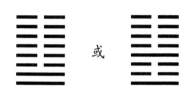

圖 4-135

①球第一步從 A 到 B，第二、第三步是移動別的球，與①球無關，第四步①球再從 B 到 C。

每一次把 4 個球經過 B 轉入 C，每一個球可用一個卦描述，4 個球就可用一個 4 卦組描述。顯然，這個 4 卦組應滿足條件：

（1）4 卦恰好有 8 個陽爻，每一個爻位上有且只有一個陽爻。

（2）表示①的卦第一個陽爻在第一爻位；表示②的卦第一陽爻不高於第三爻位；表示③的卦第一陽爻不高於第五爻位；表示④的卦第一陽爻不高於第七爻位。

（3）根據「後進先出」的規則，每一卦中的兩個陽爻之間一定夾著偶數個陰爻。

（4）根據「後進先出」的規則，標號較大的球對應的卦中兩個陽爻之間不能夾有標號較小的球對應的卦的陽爻。

根據上述 4 條，①、②、③、④4 球所對應的卦兩個陽爻分布的可能位置是：

①：一與二，一與四，一與六，一與八；

②：二與三，二與五，二與七，三與四，三與六，三與八；

③：三與四，三與六，四與五，四與七，五與六，五與八，六與七；

④：四與五，五與六，六與七，七與八。

將各種可能的情況進行搭配，即得 14 種可能情況，如下表：

①	②	③	④
1 , 2	3 , 4	5 , 6	7 , 8
		5 , 8	6 , 7
	3 , 6	4 , 5	7 , 8
	3 , 8	4 , 5	6 , 7
		4 , 7	5 , 6
1 , 4	2 , 3	5 , 6	7 , 8
1 , 6	2 , 3	4 , 5	7 , 8
	2 , 5	3 , 4	7 , 8
1 , 8	2 , 3	4 , 5	6 , 7
	2 , 5	3 , 4	6 , 7
	2 , 7	3 , 6	4 , 5
	2 , 3	4 , 7	5 , 6
1 , 4	2 , 3	5 , 8	7 , 6
1 , 8	2 , 7	3 , 4	5 , 6

99. 有一堆火柴有若干根，兩人進行取火柴的遊戲。遊戲規則如下：兩人輪流從這堆火柴中取走 P^n 根火柴，其中 P 為質數，n 為非負整數。誰取得最後一根火柴，誰即為勝者。試問誰有獲勝的策略。

解 將火柴依次排成若干個乾卦，剩下的零頭排不成一個乾卦時，就用 {䷌, ䷠, ䷘, ䷫, ䷀} 中的某一個表示，稱為餘卦。

*是餘卦，它表示或者沒有卦，或者是 {䷌, ䷠, ䷘,

☶,☷} 中的某一個。

因為 5 種餘卦的陽爻個數分別為 1，2，3，4，5。

$1 = 2^0$，$2 = 2^1$，$3 = 3^1$，$4 = 2^2$，$5 = 5^1$ 都可以寫成質數 P 的乘方，按照遊戲規則，一次取走一個餘卦 * 是可以的。

因為 $6 = 2 \times 3$，不能寫成一個質數的乘方，所以，按照遊戲規則，不能一次取走若干個乾卦。故取勝的策略：

（1）餘卦 * 是 {☳,☵,☶,☱,☷} 中某卦，則先取者可以獲勝。

因為先取者只要第一次取走餘卦 *，後取者面臨著全是乾卦的局面，他不能恰好取走若干乾卦，取後必然留下一個新的餘卦 $*_1$．先取者第二次又取走新的餘卦 $*_1$，後取者又重新面臨全是乾卦的局面，取火柴後又留下新的餘卦 $*_2$，先取者再取走 $*_2$ 如此繼續，經過有限次地輪番取火柴後，乾卦不斷減少，最後只剩下一個餘卦 $*_k$，先取者一次取走而獲勝。

（2）如果開始時 * 表示沒有餘卦，則後取者有必勝策略。因為這時先取者面臨的全是乾卦，與（1）中先取者取走餘卦後的情況相同，由（1）知，後取者必勝。

100. 設 n 是一個大於 1 的整數。有 n 個燈 $L_0, L_1, \cdots\cdots$ L_{n-1} 作環狀排列。每個燈的狀態要嘛「開」，要嘛「關」。現在進行一系列的步驟 $S_0, S_1, \cdots\cdots S_i \cdots\cdots$。步驟 S_j 按下列規則影響 L_j 的狀態（它不改變其它所有的燈的狀態）。

如果 L_{j-1} 是「開」的，則 S_j 改變 L_j 的狀態，使它從

「開」到「關」或者從「關」到「開」。

如果 L_{j-1} 是「關」的，則 S_j 不改變 L_j 的狀態。

上面的敘述中燈的編號應按 mod n 同餘的方式理解，即：

$$L_{-1} = L_{n-1} \, , \; L_0 = L_n \, , \; L_1 = L_{n+1} \, , \cdots\cdots$$

假設開始時全部燈都是「開」的。求證：

（a）存在一個正整數 $M(n)$，使得經過 $M(n)$ 個步驟後，全部燈再次成為「開」的；

（b）若 n 為 2^k 型的數，由經 n^{2-1} 個步驟之後，全部的燈都是「開」的；

（c）若 n 為 2^{k+1} 型的數，則經 $n^2 - n + 1$ 個步驟之後，全部的燈都是「開」的。（1993 年第 34 屆國際數學奧林匹克試題）

解　這是歷年 *IMO* 試題中最難的問題之一，用普通數學的方法解答此題亦非易事。作者曾以《從古老的〈周易〉到最新的 *IMO* 試題》為題撰寫文章，介紹如何用易卦思想來解此題，文章曾分別發表在《周易研究》（山東）和《數學競賽》（湖南）雜誌上。

為簡便計，我們用陽爻「—」（記「—」作 1，並把直排的卦橫寫成布爾向量的形式）表示燈「開」，用 0 表示燈「關」，第一盞燈的狀態用第一爻（第一分量）表示，第二盞燈的狀態用第二爻表示，等等，並在周而復始（即模 n 同餘）的意義下理解它們的編號。則 n 盞燈的每一個狀態都可用一個 n 爻卦 T_i（進行 S_i 步驟後的狀態）表示。特別地，初始狀態 T_0 就是乾卦：

$e = (1, 1, \cdots 1) = T_0.$

引入記號 f_i，f_i 表示只有第 i 爻為 0 的 n 爻卦。即：

$$f_i = \underbrace{(1, 1, \cdots 1, 0, 1, \cdots 1)}_{\text{第 } i \text{ 個為 } 0}$$

再記

$$S_i = \begin{cases} e & \text{當 } T_{i-1} \text{ 的 } n-1 \text{ 爻為 } 0; \\ fi & \text{當 } T_{i-1} \text{ 的 } n-1 \text{ 爻為 } 1。 \end{cases} \qquad (1)$$

那麼，燈的各種狀態就可用 n 爻卦所成的群 G 中的乘法表示（乘法按「同性相乘得陽，異性相乘得陰」的方法進行。

若燈的第 i 個狀態為 L_i，則：

$$T_i = T_{i-1} S_i \qquad\qquad\qquad (2)$$

事實上，按照乘法的法則，根據定義（1），若 T_{i-1} 的 $n-1$ 爻為 0，則 $S_i = e$，用 e 去乘 T_{i-1}，T_{i-1} 的各爻都不發生變化，特別是，T_{i-1} 的第 i 爻不發生變化。這時 T_i 與 T_{i-1} 相同，與問題的規定相符。若 T_{i-1} 的 $n-1$ 爻為 1，則 $S_i = f_i$，f_i 只有第 i 爻為 0，用 f_i 去乘 T_{i-1}，T_{i-1} 除第 i 爻外都不改變，第 i 爻改為相反的爻，符合 T_i 的規定。

根據（2）式，便有：

$T_0 = e$

$T_1 = T_0 S_1 = e S_1 = S_1$

$T_2 = T_1 S_2 = S_1 S_2$

$T_3 = T_2 S_3 = S_1 S_2 S_3$

一般地，我們有：

$$T_i = S_1 S_2 \cdots S_i \qquad (i = 1, 2, \cdots) \qquad (3)$$

反過來，就有：

$$S_1 S_2 \cdots\cdots S_{i-1} T_i = (S_1 S_2 \cdots\cdots S_{i-1})^2 S_i = e S_i$$

所以：

$$S_i = S_1 S_2 \cdots\cdots S_{i-1} T_i \qquad\qquad (4)$$

假定在下標 $1, 2, \cdots\cdots i-1$ 中有 k 個與 $i-1$ 模 n 同餘，且在這 k 個 S 中有奇數個 f，則由（3）

$$T_{i-1} = S_1 S_2 \cdots\cdots S_{i-1} T_0$$

則 T_{i-1} 的第 $n-1$ 爻由 T_0 的第 $n-1$ 爻（即 1）改變了奇數次爻性，即 T_{i-1} 的 $n-1$ 爻為 0，因此，S_i 不使 T_{i-1} 的第 i 爻變性，即 $T_{i-1} = T_i$．換言之，這時 $S_i = e$．若 k 個 S 中有偶數個 f，則 T_{i-1} 的第 $i-1$ 爻為 1，S_i 把 T_{i-1} 變為 T_i 時必須改變 T_{i-1} 的第 i 爻爻性，所以 $S_i = f_i$．

現在回到問題的證明。

（a）我們證明：對於任意的正整數 $n > 1$，一定存在正整數 $m = M(n)$，使：

$$T_m = S_1 S_2 \cdots\cdots S_m = T_0 \qquad\qquad (5)$$

將卦 S_i 與 T_i 卦配成卦對 (S_i, T_i)，由於 S_i, T_i 都只有有限個，卦對也只有有限個，卦對的無窮序列：

$$(S_1, T_1), (S_2, T_2), \cdots\cdots (S_i, T_i) \cdots\cdots \qquad (6)$$

必出現循環。設從 (S_i, T_i) 到 (S_j, T_j) 是一個循環周期，則：

$$(S_i, T_i) = (S_j, T_j)$$

即 $T_i = T_j$，$S_i = S_j$〔$S_i = S_j$ 係指 $i \equiv j \pmod{n}$，且 S_i 與 S_j 同為 e 或 f_i〕，從而：

$$S_i T_i = S_j T_j$$

但　　$T_{i-1} = S_1 S_2 \cdots\cdots S_{i-1} = S_1 S_2 \cdots\cdots S_{i-1} S_i^2$

$\qquad\quad = T_i \ S_i = T_j S_j = S_1 S_2 \cdots\cdots S_{j-1} S_j^2$

$\qquad\quad = S_1 S_2 \cdots\cdots S_{j-1} = T_{j-1}$

由 $T_{i-1} = T_{j-1}$ 可推出 $S_{i-1} = S_{j-1}$.事實上，設 $k \equiv i-1$ $\equiv j-1 \,(\bmod\, n)$，$1 \leqslant k \leqslant n$，則 S_{i-1} 由 T_{i-2} 的第 $k-1$ 爻完全決定，S_{j-1} 也由 T_{j-1} 的第 $k-1$ 爻完全決定。因為 T_{i-1} 除第 k 爻與 T_{i-2} 可能不同外，其餘各爻都相同，特別是 T_{i-1} 與 T_{i-2} 的第 $k-1$ 爻相同；同理 T_{j-1} 與 T_{j-2} 的第 $k-1$ 爻也相同。但 $T_{i-1} = T_{j-1}$，所以 T_{i-2} 與 T_{j-2} 的第 $k-1$ 爻相同，從而 $S_{i-1} = S_{j-1}$. 這意味著：

$$(S_i, T_i) = (S_j, T_i) \Rightarrow (S_{i-1}, T_{i-1}) = (S_{j-1}, T_{j-1})$$

類似地又有：

$$(S_{i-1}, T_{i-1}) = (S_{j-1}, S_{j-1})$$

$$\Rightarrow (S_{i-2}, T_{i-2}) = (S_{j-2}, S_{j-2})$$

$$\Rightarrow (S_{i-3}, T_{i-3}) = (S_{j-3}, S_{j-3}) \cdots\cdots$$

$$\Rightarrow (S_0, T_0) = (S_{j-i}, T_{j-i}).$$

令 $j - i = m = M(n)$，則得 $T_m = T_0$.

從而命題（a）獲證。

至於（b）與（c）的證明因較複雜，此處從略，有興趣的讀者，可參閱前面指出的兩篇論文。

大展出版社有限公司
品冠文化出版社

圖書目錄

地址：台北市北投區（石牌）　　電話：(02) 28236031
　　　致遠一路二段 12 巷 1 號　　　　　28236033
郵撥：01669551＜大展＞　　　　　　　28233123
　　　19346241＜品冠＞　　　　傳真：(02) 28272069

・熱 門 新 知・品冠編號 67

1. 圖解基因與 DNA　　　（精）　中原英臣主編　230 元
2. 圖解人體的神奇　　　（精）　米山公啟主編　230 元
3. 圖解腦與心的構造　　（精）　永田和哉主編　230 元
4. 圖解科學的神奇　　　（精）　鳥海光弘主編　230 元
5. 圖解數學的神奇　　　（精）　柳 谷 晃著　250 元
6. 圖解基因操作　　　　（精）　海老原充主編　230 元
7. 圖解後基因組　　　　（精）　才園哲人著　230 元
8. 圖解再生醫療的構造與未來　　才園哲人著　230 元
9. 圖解保護身體的免疫構造　　　才園哲人著　230 元
10. 90 分鐘了解尖端技術的結構　志村幸雄著　280 元

・名 人 選 輯・品冠編號 671

1. 佛洛伊德　　　　　　　　傅陽主編　200 元
2. 莎士比亞　　　　　　　　傅陽主編　200 元
3. 蘇格拉底　　　　　　　　傅陽主編　200 元
4. 盧梭　　　　　　　　　　傅陽主編　200 元

・圍 棋 輕 鬆 學・品冠編號 68

1. 圍棋六日通　　　　　　李曉佳編著　160 元
2. 布局的對策　　　　　吳玉林等編著　250 元
3. 定石的運用　　　　　吳玉林等編著　280 元
4. 死活的要點　　　　　吳玉林等編著　250 元

・象 棋 輕 鬆 學・品冠編號 69

1. 象棋開局精要　　　　　方長勤審校　280 元
2. 象棋中局薈萃　　　　　言穆江著　280 元

・生 活 廣 場・品冠編號 61

1. 366 天誕生星　　　　　李芳黛譯　280 元

2. 366 天誕生花與誕生石　　　　　李芳黛譯　280 元
3. 科學命相　　　　　　　　　　　淺野八郎著　220 元
4. 已知的他界科學　　　　　　　　陳蒼杰譯　220 元
5. 開拓未來的他界科學　　　　　　陳蒼杰譯　220 元
6. 世紀末變態心理犯罪檔案　　　　沈永嘉譯　240 元
7. 366 天開運年鑑　　　　　　　　林廷宇編著　230 元
8. 色彩學與你　　　　　　　　　　野村順一著　230 元
9. 科學手相　　　　　　　　　　　淺野八郎著　230 元
10. 你也能成為戀愛高手　　　　　　柯富陽編著　220 元
11. 血型與十二星座　　　　　　　　許淑瑛編著　230 元
12. 動物測驗—人性現形　　　　　　淺野八郎著　200 元
13. 愛情、幸福完全自測　　　　　　淺野八郎著　200 元
14. 輕鬆攻佔女性　　　　　　　　　趙奕世編著　230 元
15. 解讀命運密碼　　　　　　　　　郭宗德著　200 元
16. 由客家了解亞洲　　　　　　　　高木桂藏著　220 元

・女醫師系列・ 品冠編號 62

1. 子宮內膜症　　　　　　　　　　國府田清子著　200 元
2. 子宮肌瘤　　　　　　　　　　　黑島淳子著　200 元
3. 上班女性的壓力症候群　　　　　池下育子著　200 元
4. 漏尿、尿失禁　　　　　　　　　中田真木著　200 元
5. 高齡生產　　　　　　　　　　　大鷹美子著　200 元
6. 子宮癌　　　　　　　　　　　　上坊敏子著　200 元
7. 避孕　　　　　　　　　　　　　早乙女智子著　200 元
8. 不孕症　　　　　　　　　　　　中村春根著　200 元
9. 生理痛與生理不順　　　　　　　堀口雅子著　200 元
10. 更年期　　　　　　　　　　　　野末悅子著　200 元

・傳統民俗療法・ 品冠編號 63

1. 神奇刀療法　　　　　　　　　　潘文雄著　200 元
2. 神奇拍打療法　　　　　　　　　安在峰著　200 元
3. 神奇拔罐療法　　　　　　　　　安在峰著　200 元
4. 神奇艾灸療法　　　　　　　　　安在峰著　200 元
5. 神奇貼敷療法　　　　　　　　　安在峰著　200 元
6. 神奇薰洗療法　　　　　　　　　安在峰著　200 元
7. 神奇耳穴療法　　　　　　　　　安在峰著　200 元
8. 神奇指針療法　　　　　　　　　安在峰著　200 元
9. 神奇藥酒療法　　　　　　　　　安在峰著　200 元
10. 神奇藥茶療法　　　　　　　　　安在峰著　200 元
11. 神奇推拿療法　　　　　　　　　張貴荷著　200 元
12. 神奇止痛療法　　　　　　　　　漆浩著　200 元
13. 神奇天然藥食物療法　　　　　　李琳編著　200 元

14. 神奇新穴療法　　　　　　吳德華編著　200元
15. 神奇小針刀療法　　　　　　韋丹主編　200元

・常見病藥膳調養叢書・品冠編號631

1. 脂肪肝四季飲食　　　　　　蕭守貴著　200元
2. 高血壓四季飲食　　　　　　秦玖剛著　200元
3. 慢性腎炎四季飲食　　　　　魏從強著　200元
4. 高脂血症四季飲食　　　　　　薛輝著　200元
5. 慢性胃炎四季飲食　　　　　馬秉祥著　200元
6. 糖尿病四季飲食　　　　　　王耀獻著　200元
7. 癌症四季飲食　　　　　　　　李忠著　200元
8. 痛風四季飲食　　　　　　　魯焰主編　200元
9. 肝炎四季飲食　　　　　　　王虹等著　200元
10. 肥胖症四季飲食　　　　　　李偉等著　200元
11. 膽囊炎、膽石症四季飲食　　謝春娥著　200元

・彩色圖解保健・品冠編號64

1. 瘦身　　　　　　　　　　主婦之友社　300元
2. 腰痛　　　　　　　　　　主婦之友社　300元
3. 肩膀痠痛　　　　　　　　主婦之友社　300元
4. 腰、膝、腳的疼痛　　　　主婦之友社　300元
5. 壓力、精神疲勞　　　　　主婦之友社　300元
6. 眼睛疲勞、視力減退　　　主婦之友社　300元

・休閒保健叢書・品冠編號641

1. 瘦身保健按摩術　　　　　　聞慶漢主編　200元
2. 顏面美容保健按摩術　　　　聞慶漢主編　200元
3. 足部保健按摩術　　　　　　聞慶漢主編　200元
4. 養生保健按摩術　　　　　　聞慶漢主編　280元

・心 想 事 成・品冠編號65

1. 魔法愛情點心　　　　　　　結城莫拉著　120元
2. 可愛手工飾品　　　　　　　結城莫拉著　120元
3. 可愛打扮 & 髮型　　　　　　結城莫拉著　120元
4. 撲克牌算命　　　　　　　　結城莫拉著　120元

・少 年 偵 探・品冠編號66

1. 怪盜二十面相　　（精）江戶川亂步著　特價 189元
2. 少年偵探團　　　（精）江戶川亂步著　特價 189元

3. 妖怪博士	（精）	江戸川亂步著	特價	189 元
4. 大金塊	（精）	江戸川亂步著	特價	230 元
5. 青銅魔人	（精）	江戸川亂步著	特價	230 元
6. 地底魔術王	（精）	江戸川亂步著	特價	230 元
7. 透明怪人	（精）	江戸川亂步著	特價	230 元
8. 怪人四十面相	（精）	江戸川亂步著	特價	230 元
9. 宇宙怪人	（精）	江戸川亂步著	特價	230 元
10. 恐怖的鐵塔王國	（精）	江戸川亂步著	特價	230 元
11. 灰色巨人	（精）	江戸川亂步著	特價	230 元
12. 海底魔術師	（精）	江戸川亂步著	特價	230 元
13. 黃金豹	（精）	江戸川亂步著	特價	230 元
14. 魔法博士	（精）	江戸川亂步著	特價	230 元
15. 馬戲怪人	（精）	江戸川亂步著	特價	230 元
16. 魔人銅鑼	（精）	江戸川亂步著	特價	230 元
17. 魔法人偶	（精）	江戸川亂步著	特價	230 元
18. 奇面城的秘密	（精）	江戸川亂步著	特價	230 元
19. 夜光人	（精）	江戸川亂步著	特價	230 元
20. 塔上的魔術師	（精）	江戸川亂步著	特價	230 元
21. 鐵人Q	（精）	江戸川亂步著	特價	230 元
22. 假面恐怖王	（精）	江戸川亂步著	特價	230 元
23. 電人M	（精）	江戸川亂步著	特價	230 元
24. 二十面相的詛咒	（精）	江戸川亂步著	特價	230 元
25. 飛天二十面相	（精）	江戸川亂步著	特價	230 元
26. 黃金怪獸	（精）	江戸川亂步著	特價	230 元

・武 術 特 輯・大展編號 10

1. 陳式太極拳入門	馮志強編著	180 元
2. 武式太極拳	郝少如編著	200 元
3. 中國跆拳道實戰 100 例	岳維傳著	220 元
4. 教門長拳	蕭京凌編著	150 元
5. 跆拳道	蕭京凌編譯	180 元
6. 正傳合氣道	程曉鈴譯	200 元
7. 實用雙節棍	吳志勇編著	200 元
8. 格鬥空手道	鄭旭旭編著	200 元
9. 實用跆拳道	陳國榮編著	200 元
10. 武術初學指南	李文英、解守德編著	250 元
11. 泰國拳	陳國榮著	180 元
12. 中國式摔跤	黃 斌編著	180 元
13. 太極劍入門	李德印編著	180 元
14. 太極拳運動	運動司編	250 元
15. 太極拳譜	清・王宗岳等著	280 元
16. 散手初學	冷 峰編著	200 元
17. 南拳	朱瑞琪編著	180 元

18. 吳式太極劍　　　　　　　　　王培生著　200 元
19. 太極拳健身與技擊　　　　　　王培生著　250 元
20. 秘傳武當八卦掌　　　　　　　狄兆龍著　250 元
21. 太極拳論譚　　　　　　　　　沈　壽著　250 元
22. 陳式太極拳技擊法　　　　　　馬　虹著　250 元
23. 三十四式太極劍　　　　　　　闞桂香著　180 元
　　三十二式太極拳
24. 楊式秘傳 129 式太極長拳　　　張楚全著　280 元
25. 楊式太極拳架詳解　　　　　　林炳堯著　280 元
26. 華佗五禽劍　　　　　　　　　劉時榮著　180 元
27. 太極拳基礎講座:基本功與簡化 24 式　李德印著　250 元
28. 武式太極拳精華　　　　　　　薛乃印著　200 元
29. 陳式太極拳拳理闡微　　　　　馬　虹著　350 元
30. 陳式太極拳體用全書　　　　　馬　虹著　400 元
31. 張三豐太極拳　　　　　　　　陳占奎著　200 元
32. 中國太極推手　　　　　　　　張　山主編　300 元
33. 48 式太極拳入門　　　　　　　門惠豐編著　220 元
34. 太極拳奇人奇功　　　　　　　嚴翰秀編著　250 元
35. 心意門秘籍　　　　　　　　　李新民編著　220 元
36. 三才門乾坤戊己功　　　　　　王培生編著　220 元
37. 武式太極劍精華＋VCD　　　　薛乃印編著　350 元
38. 楊式太極拳　　　　　　　　　傅鐘文演述　200 元
39. 陳式太極拳、劍 36 式　　　　闞桂香編著　250 元
40. 正宗武式太極拳　　　　　　　薛乃印著　220 元
41. 杜元化＜太極拳正宗＞考析　　王海洲等著　300 元
42. ＜珍貴版＞陳式太極拳　　　　沈家楨著　280 元
43. 24 式太極拳＋VCD　　　中國國家體育總局著　350 元
44. 太極推手絕技　　　　　　　　安在峰編著　250 元
45. 孫祿堂武學錄　　　　　　　　孫祿堂著　300 元
46. ＜珍貴本＞陳式太極拳精選　　馮志強著　280 元
47. 武當趙堡太極拳小架　　　　　鄭悟清傳授　250 元
48. 太極拳習練知識問答　　　　　邱丕相主編　220 元
49. 八法拳　八法槍　　　　　　　武世俊著　220 元
50. 地趟拳＋VCD　　　　　　　　張憲政著　350 元
51. 四十八式太極拳＋DVD　　　　楊　靜演示　400 元
52. 三十二式太極劍＋VCD　　　　楊　靜演示　300 元
53. 隨曲就伸 中國太極拳名家對話錄　余功保著　300 元
54. 陳式太極拳五功八法十三勢　　闞桂香著　200 元
55. 六合螳螂拳　　　　　　　　　劉敬儒等著　280 元
56. 古本新探華佗五禽戲　　　　　劉時榮編著　180 元
57. 陳式太極拳養生功＋VCD　　　陳正雷著　350 元
58. 中國循經太極拳二十四式教程　李兆生著　300 元
59. ＜珍貴本＞太極拳研究　　唐豪・顧留馨著　250 元
60. 武當三豐太極拳　　　　　　　劉嗣傳著　300 元
61. 楊式太極拳體用圖解　　　　　崔仲三編著　400 元

5

國家圖書館出版品預行編目資料

易學與數學奧林匹克／歐陽維誠　著
　　　　——初版，——臺北市，大展，2007〔民96〕
　　　面；21公分，——（易學智慧；19）
　　　ISBN 978-957-468-558-5（平裝）

1.易占　2.數學
292.1　　　　　　　　　　　　　　　96012782

易學與數學奧林匹克

ISBN 978-957-468-558-5

主　　編／朱伯崑
著　　者／歐陽維誠
責任編輯／諳　民・汪守本
發 行 人／蔡森明
出 版 者／大展出版社有限公司
社　　址／台北市北投區（石牌）致遠一路2段12巷1號
電　　話／（02）28236031・28236033・28233123
傳　　眞／（02）28272069
郵政劃撥／01669551
網　　址／www.dah-jaan.com.tw
E-mail／service@dah-jaan.com.tw
登 記 證／局版臺業字第2171號
承 印 者／高星印刷品行
裝　　訂／建鑫印刷裝訂有限公司
排 版 者／弘益電腦排版有限公司
授 權 者／中國書店
初版1刷／2007年（民96年）9月

定　價／280元